Hovawart

Jeelüe Schlodeler

Ursula Birr

Hovawart

Anschaffung · Pflege · Erziehung

FALKEN

Inhalt

Wichtiges auf einen Blick

Vorwort

Seine rasant ansteigende Popularität verdankt der Hovawart nicht zuletzt der erhöhten Umsicht bei der Wahl unserer vierbeinigen Hausgenossen. Seit Extremzuchten immer stärker ins Kreuzfeuer der Kritk geraten, geht der Trend hin zum mittelgroßen, „normalen" Hund. Seit Verhaltensforscher Tierfreunden das Wesen des Hundes nahegebracht haben, sehen die meisten Menschen in ihm weder Kuscheltier noch Waffe, sondern einen echten Partner. Und seit Gesetze – geschriebene und ungeschriebene – von Mensch und Hund die Anpassung an die Großstadt, an strenge Regeln in Wald und Flur fordern, wünschen wir uns lernwillige, flexible, nervenstarke Vierbeiner an unserer Seite.

Der Hovawart erfüllt alle diese Voraussetzungen: Er ist ein „Durchschnittshund", mittelgroß, robust, kräftig, nicht aggressiv, lerneifrig, von leichter Auffassungsgabe, anpassungsfreudig – und schön ist er außerdem.

Kein Wunder, daß er zu den zehn gefragtesten Rassen gehört. Dank strenger Zuchtbestimmungen ist er bis jetzt auch ein gesunder Hund geblieben, einer, der keine Schlagzeilen wegen Aggressivität oder geringer Lebenserwartung macht.

Diejenigen, die einen bildhübschen, ausgeglichenen Familienhund suchen, finden auf den folgenden Seiten eine ausführliche Beschreibung des Hovawarts sowie eine Vielzahl wichtiger Hinweise und Tips zur Haltung, Erziehung und Ernährung, damit sie wissen, worauf sie sich einlassen, und sich von vornherein Probleme ersparen.

Geschichte des Hovawarts

Der ursprüngliche Hovawart

Um die Entstehungsgeschichte fast jeder Hunderasse ranken sich Legenden – eine der bekanntesten erzählt man vom Hovawart. Dessen Name stammt zweifelsfrei aus dem Mittelhochdeutschen (hofewart, hovewart) und bedeutet Hofwächter. Dieser Hofwächter, der tatsächlich in der Literatur auftaucht, soll der altgermanische Urahn des heutigen Hovawarts gewesen sein.

Wie bei allen Legenden steckt auch in dieser ein Körnchen Wahrheit. Bilder des „Hofewarts" gibt es jedoch ebensowenig wie eine genaue Beschreibung seines Äußeren. Überliefert ist lediglich, daß dieser Hund groß und kräftig war, Haus und Hof bewachte und sich deutlich von den Wind- und Jagdhunden des Adels unterschied. Ihn fand man weniger an den Höfen der hohen Stände als vielmehr bei seßhaften Bauern.

Weil eindeutige Abbildungen des Hovawarts fehlen, beruft die Legende sich auf den berühmten Kupferstich

„Ritter, Tod und Teufel", Kupferstich von Albrecht Dürer von 1513

Albrecht Dürers, „Ritter, Tod und Teufel" aus dem Jahre 1513. Tatsächlich könnte es sich bei dem Hund um einen der Hofwächter handeln. Genausogut könnte Dürer jedoch einer der in dieser Zeit viel gehaltenen und gezüchteten Wachtelhunde Modell gestanden haben.

Deshalb läßt sich über das Aussehen des „germanischen" Hovawarts nur spekulieren. Rückschlüsse kann man nur aus der Gestalt der bis Ende des 19. Jahrhunderts (und darüber hinaus) auf den Bauernhöfen gehaltenen Hofhunde ziehen. Denen gemeinsam waren eine kräftige, derbe Gestalt, ein wetterfestes Fell, ein eher ruhiges, bedächtiges, souveränes Wesen. Die meisten hatten Schlappohren, eine unkupierte Rute und kräftige Läufe. Aus den Bauernhunden, die sich nach Belieben untereinander vermehrten, entstanden im Lauf des 19. Jahrhunderts indidviduelle Schläge – mal hochläufiger, mal kleiner, mal kurz-, mal lockenhaarig. Schließlich lösten Anfang dieses Jahrhunderts Hofhunde mit Spezialaufgaben den alten Hofwächter ab. Sogenannte Rattler wie Pinscher, Schnauzer und Terrier, Hüte- und Treibhunde wie Schäferhund und Rottweiler und die wachsamen Spitze verdrängten den Traditionshund, der in Deutschland auszusterben drohte. Wie der alte Hovawart aussah, weiß heute niemand mehr. Sicher ist, daß kein moderner Hovawart in seiner Ahnenreihe den legendären Hofwächter führt.

Die Neuzüchtung

Angeregt durch die privaten Forschungen seines Vaters Bertram, der die Literatur auf der Suche nach dem auf Dürers Bild verewigten Ur-Hofhund durchforstete, versuchte der Treseburger (im Harz) Hundefreund und -halter Curt F. König, diesen Hund rückzuzüchten. Er kreuzte Bauernhunde, die seinem Ideal am ehesten entsprachen, mit Rassehunden, deren Aussehen oder Charaktereigenschaften ihm geeignet erschienen. So gehören zu den Stammeltern unserer Hovawarts neben rasselosen Hunden auch Landseer, altdeutscher Schäferhund, Neufundländer, Gordon Setter, Schweizer Sennenhunde, Hirtenhunde verschiedener Herkunft sowie ein „afrikanischer Wildhund".

Die Idee, den echt deutschen Ur-Hofwächter wieder auferstehen zu lassen, fiel in Deutschland nach dem Ersten Weltkrieg auf fruchtbaren Boden. Bald versuchten sich auch andere Hovawartfans in der Rückzüchtung, und bereits 1937 wurde die Rasse „Hovawart" offiziell anerkannt. 1964 endlich wurden ihr durch die Anerkennung als 7. Deutsche Dienstgebrauchshundklasse offiziell Vielseitigkeit, Gelehrigkeit und Einsatzbereitschaft bescheinigt.

Typischer schwarzmarkenfarbener Hovawartrüde

So verschieden wie die Rassen, die zur Neuzüchtung des Hovawarts herangezogen wurden, sind auch die modernen Hovawarts – sie zeigen deutliche Unterschiede in Größe, Gewicht und Temperament.

Das große Comeback

Besonders im deutschsprachigen Raum wächst die Zahl der Hovawartfreunde seit den sechziger Jahren in atemberaubendem Tempo. Das hängt sicherlich auch mit der Anerkennung als Gebrauchshund zusammen, denn dadurch wurde der Hovawart auch für diejenigen Menschen interessant, die beruflich mit Hunden arbeiten, also Polizei, Armee, Zoll, etc. Auftrieb für diese Rasse bedeutete ferner die Öffnung vieler Vereinsplätze für alle Rassen und vor allem für Hundesportarten, die der Hovawart ausnahmslos zu beherrschen lernt. Und schließlich ist nicht zuletzt die Schönheit (vor allem des blonden) Hundes ein Grund für die Beliebtheit dieser Rasse. Das stets freundlich wirkende Gesicht des Hovawarts, sein harmonischer Körperbau sowie sein leicht gewelltes, langes Haar erfüllen exakt die Ansprüche an die moderne Vorstellung von einem schönen Familienhund.

Der Hovawart ist weder als Raufer noch als Beißer auffällig geworden. Sein Charakter und sein Wesen entsprechen seinem Aussehen: vertrauenerweckend, selbstbewußt, menschenfreundlich, sich tapfer jeder Herausforderung stellend, temperamentvoll, doch Ruhe ausstrahlend und kinderlieb – alles gute Argumente, diesen Hund als zuverlässigen Freund und Weggefährten in sein Haus aufzunehmen. Ein Hovawart trägt viele unterschiedliche, für den Menschen nützliche Anlagen in sich, so daß er vielfältig einsetzbar ist: als Wach-, Schutz- und Fährtenhund genauso wie als Familienbegleiter.

Kleines Rasseportrait

Das Erscheinungsbild

Wie ein Hovawart auszusehen hat, ist im Standard festgelegt, der von einem Gremium der FCI (Fédération Cynologique Internationale = Internationale Hundeföderation) genehmigt wurde. Unter dem Dachverband der FCI sind alle nationalen Vereine registriert. Deutschland wurde als Heimat- bzw. Herkunftsland der Rasse eingetragen. Innerhalb aller von der FCI anerkann-ten Rassen wurde der Hovawart der Gruppe 2 (Pinscher, Schnauzer, Molosser, Schweizer Sennenhunde) und dort wiederum der Sektion 2.2. (Berghunde) zugeordnet.

Der Standard soll verhindern, daß Hovawarts, die sich äußerlich zu stark vom Idealbild entfernen, in der Zucht eingesetzt werden und auf diese Weise zu schmächtige oder zu kräftige Hunde, solche mit Erbfehlern oder vererbbaren Krankheiten oder aber

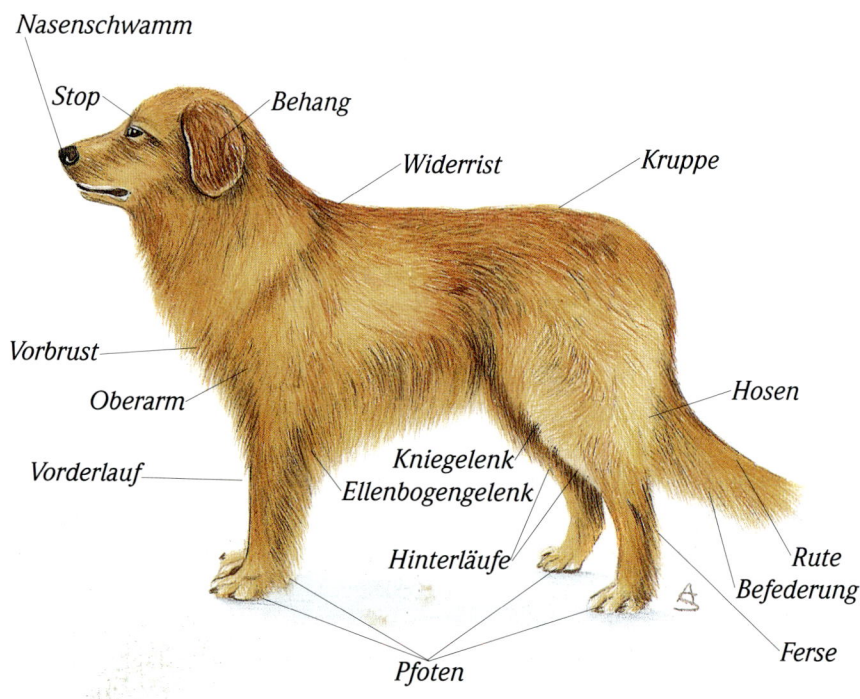

Nasenschwamm

Stop

Behang

Widerrist

Kruppe

Vorbrust

Oberarm

Hosen

Vorderlauf

Kniegelenk
Ellenbogengelenk

Hinterläufe

Rute
Befederung

Ferse

Pfoten

Tiere mit nicht dem Rasseideal entsprechenden Wesensmerkmalen die Rasse verfälschen. Zuchtrüden bzw. -hündinnen werden von den Verbänden nur dann zur Zucht zugelassen, wenn sie keine gravierenden Standardabweichungen zeigen.
Zum Zuchtausschluß führende Mängel sind unter anderem:
♦ quadratischer Körperbau,
♦ aggressives, ängstliches, schußscheues, apathisches Wesen
♦ Blindheit

♦ gravierende Zahnfehler
♦ Hüftdysplasie (HD; Informationen zu dieser vererbbaren Fehlentwicklung auf S. 88) oder ein stark überhöhter Widerrist
♦ verkürzte Rute, Ringelrute, anormale Schwanzwirbelbildung

All diese Fehler können sich vererben und beeinträchtigen weniger die Schönheit der Hovawarts, als vielmehr ihre Wendigkeit und Arbeitsfähigkeit.

Der Standard des Hovawarts

♦ *Allgemeines*

Der Hovawart ist ein mittelgroßer, gestreckter, langhaariger, vielseitig verwendbarer *Gebrauchshund*. Er ist ausgeglichen, gutartig, zeigt Schutztrieb und eine sehr gute Nasenveranlagung.

♦ *Kopf*

Der kräftige Kopf hat eine breite, gewölbte Stirn mit stramm anliegender Kopfhaut. Der gerade Nasenrücken bildet eine Parallele zum Oberkopf mit leichtem, aber erkennbarem Stop. Zum kräftigen Fang hin verjüngt sich der Schädel leicht, wirkt aber nicht keilförmig. Die fest anliegenden *Lefzen* sind dunkel, die *Nase* ist stark pigmentiert und hat gut ausgebildete Nasenlöcher. Die dunkel- bis mittelbraunen *Augen* sind rund bis oval. Die dreieckigen Hängeohren liegen locker an und verdecken die Ohröffnung. Sie sind weit auseinandergesetzt und reichen hängend bis zum Unterkiefer. Der Hovawart hat ein vollständiges kräftiges *Scherengebiß* (42 Zähne, Unter- und Oberkiefer greifen exakt ineinander).

♦ *Körper*

Der kräftige *Hals* des Hovawarts ist mittellang, die *Brust* breit, tief und kräftig. Der gerade und feste Rücken endet in einer leicht abfallenden, nicht zu langen Kruppe. Die *Rute* reicht bis unterhalb des Sprunggelenks und wird in Erregung hochgeschwungen getragen.

♦ *Gliedmaßen*

Die *Vorhand* ist gerade und kräftig, mit sehr gut bemuskelter Schulterpartie. Das lange Schulterblatt liegt schräg, die Oberarme sind lang und liegen eng am Körper an. Die Pfoten sind rund, geschlossen und gewölbt. Die *Hinterhand* ist deutlich gewinkelt, mit gut bemuskelten Ober- und Unterschenkeln. Die Sprunggelenke sind kräftig und tiefstehend, die Pfoten geschlossen und gut gewölbt.

♦ *Haarkleid*

Das auffallend schöne Langhaar ist leicht gewellt und geschlossen. Besonders stark ausgebildet ist es an der Brust, der Befederung (siehe Standardzeichnung) der Läufe, an den Hosen (siehe Standardzeichnung) und der buschig behaarten Rute.

♦ *Die Farben*

Der Hovawart wird in *drei Farbschlägen* gezüchtet: Schwarzmarken, schwarz und blond. Bei der *schwarzen Variante* muß das Fell glänzen und darf einen höchstens 6 cm großen weißen Fleck an der Brust sowie einzelne weiße Haare an Zehen und Rutenspitze haben.

Der *blonde* Hovawart zeigt ein Mittelblond, das zu den Läufen hin heller wird. Auch hier sind ein Brustfleck und einzelne weiße Haare zulässig. Als *Schwarzmarken* wird das Haarkleid bezeichnet, wenn es schwarz glänzt und am Kopf vom Nasenrücken bis zu den Maulwinkeln blonde Abzeichen hat. Über den Augen sind zwei blonde Punkte sichtbar.

Die Brustmarke besteht beim Hovawart aus zwei nebeneinanderliegenden, manchmal miteinander verbundenen Flecken.

Die Vorder- und Hinterläufe des Hovawarts sind ebenso mit blonder Zeichnung mar-

kiert wie die Partie unterhalb des Rutenansatzes. Ein weißer Brustfleck und einzelne weiße Haare sind zwar nicht erwünscht, aber zulässig.

♦ *Die Größe*

Hovawartrüden sollen eine Widerristhöhe von 63 bis 70 cm aufweisen, Hündinnen dürfen 58 bis 65 cm groß sein. Der Rassestandard schreibt kein spezielles Gewicht vor, doch entsprechend der Größe sollte es beim gesunden Howawart zwischen 25 und 40 kg liegen.

Charakter und typische Eigenschaften

Um als Gebrauchshund anerkannt zu werden, muß ein Hund bestimmte Voraussetzungen erfüllen: Er muß, wie es im Kynologendeutsch heißt, „wesensfest" sein, eine gute Nase, ein hervorragendes Gehör, und eine hohe „Unterordnungsbereitschaft" haben. Natürlich erfüllt der Hovawart diese Voraussetzungen, und sie haben seinen Charakter geprägt. Wesensfestigkeit bedeutet nichts anderes, als daß der

Hund sich nicht so schnell einschüchtern läßt, also eine gehörige Portion Selbstbewußtsein mitbringt und diese gegenüber Mensch und Tier auch zeigt. Dem Hovawart ist diese Selbstsicherheit angeboren. Sie wird durch den kräftigen Körperbau und die beachtliche Größe noch unterstrichen. Weil seine beiden wichtigsten Sinne, die Nase und die Ohren, hervorragend ausgebildet sind, ist der Hovawart in der Lage, auch feinste Signale aus der Umwelt aufzunehmen und zu verarbeiten. Bei richtiger Erziehung ist er daher ein äußerst lernfähiger, neugieriger Hund.

Von den Bauernhunden in seiner Ahnentafel ist ihm bis heute eine gewisse Neigung zu Ruhe und Gelassenheit zu eigen. Er zeigt also nicht die Umtriebigkeit und Nervosität des Schäferhundes, aber auch nicht ganz die Gelassenheit der Herdenhütehunde (Kuvasz, Sennenhunde u. a.). Er kann stundenlang ruhig auf seinem Platz liegen, wird aber genausogern spielen, laufen oder arbeiten. Ein ausgeprägter Wach- und Schutzinstinkt ist ihm angeboren. Bei Annäherung von Fremden wird er anschlagen. Im Ernstfall wird sich ein Hovawart

allerdings in Sekundenschnelle vom gelassenen, zuweilen fast behäbig wirkenden Hausgenossen in einen unerbittlichen Verteidiger seines Territoriums bzw. seiner Familie verwandeln. Die „Unterordnungsbereitschaft", wichtig für die Arbeit als Diensthund, zeigt der Hovawart nur dann, wenn er von Anfang an konsequent erzogen wird. Wie alle selbstbewußten Hunde nimmt auch er jede Chance wahr, sich zum Oberhaupt seines „Rudels" aufzuschwingen – wenn man ihn läßt. Weil er schnell begreift und stets dazulernt, entdeckt er jede Lücke im Erziehungsplan. Der Hovawart beweist aber auch eine tiefe Anhänglichkeit und unerschütterliche Treue zu seinen Menschen, was ihn zum idealen Begleiter macht.

Der Hovawart gehört zu den wenigen großen Hunderassen, die ein hohes Alter bei guter Gesundheit erreichen. Er wird durchschnittlich 12 bis 14 Jahre alt.

Wichtig: Der Hovawart ist ein fröhlicher, ausgeglichener, anhänglicher Hund, der dank seines sportlichen Körperbaus und der perfekt ausgebildeten Sinne anpassungsfähig, intelligent und lernfreudig ist. Er ist zwar ein liebevoller Familienhund, will aber auch gefordert werden.

Der Hovawart im Einsatz

Als Dienst- und Gebrauchshund spielt der Hovawart gegenüber dem Deutschen Schäferhund derzeit noch eine untergeordnete Rolle. Dennoch zeigt die Rasse ihre Fähigkeiten überall dort, wo Menschen auf Hundehilfe angewiesen sind – mit einer Ausnahme allerdings: Der Hovawart ist kein Jagdhund und nicht als solcher auszubilden. Wie bei allen Schutz- und Hütehunden ist bei ihm ein schwach ausgeprägter Jagdtrieb erwünscht.

▬ Als *Wach-* und *Schutzhund* wird er heute weniger bei der Polizei als

Hovawart mit Führhalfter

vielmehr bei privaten Wachdiensten eingesetzt.

▬ Als äußerst vielseitig hat sich der Hovawart als *Hüte-* und *Wachhund* erwiesen. Seine Schnelligkeit und Wendigkeit sowie sein Schutzinstinkt werden stets gelobt.

▬ Auch im Rettungsdienst bewährt sich der Hovawart sowohl als *Lawinensuch-* und *Trümmerhund* als auch im Einsatz nach Erdbeben und anderen Katastrophen. Die gute Nase findet auch bei Tiefschnee oder ablenkenden starken (Brand-)Gerüchen Verschüttete, und seine souveräne Ruhe läßt ihn trotz schwankenden Bodens, aufgeregter Menschen, trotz Lärm und Hektik unerschütterlich seine Arbeit tun.

▬ Wegen seines ganz hervorragenden Geruchssinns wird der Hovawart auch als *Zoll-, Drogen-* und *Sprengstoffsuchhund* eingesetzt.

▬ In den letzten Jahren verzeichnet er außerdem Erfolge als *Blindenführ-* und *Behindertenbegleithund.*

Die Verwandten

Während der sechziger Jahre bemühten sich verschiedene, räumlich getrennte Zuchtverbände unabhängig voneinander, den historischen Hovawart durch gezieltes Einkreuzen und konsequente Zuchtauswahl wiederauferstehen zu lassen. Dadurch entstanden unterschiedliche Zuchtlinien, die sich im Ergebnis mehr oder weniger stark voneinander unterschieden.

In manchem Hovawart fließt mehr Blut von Schäferhundvorfahren, in anderen dominiert das Erbe von Kuvasz, Neufundländer oder Leonberger.

Schäferhunderbe zeigt sich im leichteren Knochenbau, dem schlankeren Körper, dem lebhafteren Temperament, der größeren Bewegungsfreudigkeit und einem stärkeren Wachtrieb.

Die drei anderen behäbigeren Lagerhundrassen machen sich im schwereren Körperbau, der größeren Ruhe, der hohen Reizschwelle sowie einer gewissen Dickköpfigkeit bemerkbar.

Überlegungen vor dem Kauf

Paßt ein Hovawart zu Ihnen?

Vor allem blonde Hovawarts stehen auf dem Wunschzettel vieler Hundehalter in spe ganz oben. Selbstverständlich spielt es auch eine Rolle, ob Sie einen Hund schön finden, doch lassen Sie sich keinesfalls vom Anblick eines dieser herrlichen, stolzen Tiere mit blonder Mähne spontan zum Kauf verleiten.

Überlegen Sie vor der Anschaffung eines Hundes gewissenhaft, welche Ansprüche Sie an Ihren künftigen Mitbewohner stellen. Die wichtigsten Fra-

Hovawarts brauchen viel Bewegung an der frischen Luft

| Checkliste | *Fragen vor dem Kauf* |

◆ *Sind Sie und Ihre Familie willens und in der Lage (gesundheitlich, finanziell, zeitlich), dem Hund täglich die zeitintensive Pflege und die konsequente Erziehung angedeihen zu lassen sowie die Aufmerksamkeit zu schenken, die er braucht?*

◆ *Haben Sie im Haus oder in der Wohnung genügend Platz für einen großen Hund, vielleicht auch einen Garten?*

◆ *Stehen Ihnen genügend Zeit und ein geeignetes Gelände (Park, Wald, Wiesen und Felder) in günstiger Entfernung für ausgedehnte Spaziergänge mit dem Hund zur Verfügung?*

◆ *Ist gegebenenfalls Ihr Vermieter mit der Hundehaltung einverstanden?*

◆ *Sind auch die Nachbarn tierfreundlich?*

◆ *Sind Sie bereit, den Hund als neues Familienmitglied anzusehen und mit all seinen Eigenarten und Bedürfnissen zu akzeptieren (Hundehaare und Schmutztapser, Spaziergänge bei Regen und Schnee etc.)?*

◆ *Sind Sie bereit, den Hund bei Ihrer Urlaubsplanung zu berücksichtigen?*

◆ *Sind Veränderungen absehbar – beruflich oder privat –, die Sie zwingen würden, sich von Ihrem Hund zu trennen?*

gen, über die Sie sich zunächst im klaren sein sollten, finden Sie oben in der Checkliste „Fragen vor dem Kauf".

Wichtig: Der Hovawart ist ein großer, temperamentvoller Hund, der seinen Menschen täglich mindestens zwei Stunden mit Beschlag belegt – und das ein Dutzend Jahre lang!

Oft sind es die *Kinder* in der Familie, die sich so einen wunderhübschen Gefährten wünschen. So gern ein Hovawart mit Kindern spielt und tollt, so wenig geeignet sind diese als wirkliche „Herren" des Hundes.
Ein Kind unter 14 Jahren kann die Verantwortung für einen so großen, kräftigen Hund nicht allein übernehmen. Also werden in der Regel die Eltern

Kosten der Hovawarthaltung			
	einmalig	jährlich	monatlich
Anschaffung	ca. 3000,- DM		
Grundausstattung	um 700, - DM	ca. 200,- DM	
Steuer		bis ca. 300,- DM	
Haftpflichtversicherung		um 200,- DM	
Tierarzt (Impfungen, Vorsorge Zahnstein, Ohren)		ca. 400,- DM	
Ernährung			ca. 400,- DM
Verein/Schule	um 1500,- DM	ca. 200,- DM	

die Kosten tragen und sich um Pflege und Erziehung kümmern müssen. Die erforderliche konsequente Erziehung kostet viel Zeit und verlangt Hingabe.

Die Kosten

Jeder Hund erfordert einen finanziellen Aufwand. Bei einem großen Tier ist dieser natürlich höher. Die Tabelle oben gibt einen Überblick über die einmaligen, regelmäßigen und möglichen Kosten, die Ihr Hovawart verursachen wird bzw. kann.
Die meisten Kosten fallen im ersten Jahr an: Da sind die Anschaffung des

Hundes und der Grundausstattung, die natürlich nicht ein Leben lang hält. Hundehaltung ist in Deutschland steuerpflichtig. Die Höhe der *Hundesteuer* wird von der jeweiligen Gemeinde festgesetzt und muß erfragt werden.

Wichtig: Drei Monate nach Erwerb des Hundes sind Sie verpflichtet, diesen bei Gemeinde- oder Stadtverwaltung anzumelden und die entsprechende Hundesteuer zu entrichten.

Möglicherweise entschließen Sie sich, Ihren Hovawart vor oder kurz nach dem Kauf gründlich untersuchen und ihn auch kennzeichnen zu lassen

Nur wenn sich alle Mitglieder der Familie über die Anschaffung eines Hundes einig sind, kann ein Hovawart in die Familie vollkommen integriert werden

(elektronisch durch Chipmarkierung oder durch eine Tätowierung im Ohr). Vielleicht wollen Sie ihn auch kastrieren lassen. Auch das alles kostet Geld: Am teuersten ist die Kastration der Hündin, für die Sie um 500,–DM veranschlagen müssen.

Verschiedene *Krankenversicherungen* bieten eigene Verträge für den Hund an. Lassen Sie sich Zeit, bevor Sie sich dazu entschließen, das finanzielle Risiko eines Unfalls oder einer schweren Erkrankung auf die Versicherung zu verlagern. Informieren Sie sich bei verschiedenen Versicherungsgesellschaften. Eine *Haftpflichtversicherung* ist vom ersten Tag an erforderlich.

Rüde oder Hündin?

Der *Hovawartrüde* ist größer, kräftiger, oft auch dominanter als die Hündin, die sich meist leichter erziehen läßt und weniger zu Rangkämpfen neigt. Läufige Hündinnen versetzen einen Rüden in einen „Ausnahmezustand". Er wird stets versuchen, mit allen ihm zu Gebote stehenden Mitteln in ihre Nähe zu gelangen. Das kann bei Spa-

---

Unser Tip

Eine Hundehaftpflichtversicherung sollten Sie auf jeden Fall abschließen, denn bei Unfällen, für die der Hund verantwortlich gemacht wird, springt die Familienhaftpflicht nicht ein.

zern. Einige kritische Tage lang müssen Sie die Hündin an der Leine halten. Bei großen Hündinnen kann es auch zu Blutflecken an den Ruheplätzen kommen. Eine Kastration schafft nicht nur Abhilfe gegen die Läufigkeit und deren unliebsame Begleiterscheinungen, sondern wird auch aus gesundheitlichen Gründen empfohlen.

Jungtier oder erwachsener Hund?

Am leichtesten gliedert sich ein Welpe im Alter zwischen acht und zwölf Wochen in Ihre Familie ein. Sie können ihn ganz nach Wunsch erziehen. Er paßt sich den gegebenen Umständen schnell an und entwickelt eine tiefe Bindung an seine Menschen. Ein Kompromiß ist ein halbwüchsiger (unter einem Jahr) Hovawart, der bis dahin bei seinem Züchter gelebt hat. Er hat sich noch nicht abgenabelt, idealerweise aber schon die Grundprinzipien des Zusammenlebens mit dem Menschen – Stubenreinheit, im Körbchen schlafen, nicht betteln, etc. – gelernt. Er wird sich Ihnen und Ihrer Familie nach kurzer Eingewöhnungszeit anpassen und sich von da an wie ein Welpe erziehen lassen.

ziergängen zur Kraftprobe werden. Liebestolle Rüden sind auch im Garten ständig unter Aufsicht zu halten. Gibt es viele Hündinnen in der Umgebung, kann Liebeskummer (dieser zeigt sich häufig durch Dauerwinseln und Futterverweigerung) zum Dauerzustand werden. Dagegen hilft nur noch die Kastration (und die auch nicht immer). Da haben Sie es mit einer *Hündin* leichter, denn diese kommt nur zweimal jährlich in Hitze. Während der Läufigkeit müssen Sie mit äußerst anhänglichen Rüden aller Rassen rechnen – und mit deren empörten Besit-

Die Qual der Wahl: Welcher dieser süßen Welpen soll es sein?

Der Second-Hand-Hund

Selten landet ein Hovawart im Tierheim oder muß aus anderen Gründen (Krankheit, Tod, Versetzung, etc.) abgegeben werden. Auch wenn Sie sich zutrauen, einem erwachsenen Hund ein neues Leben in der Familie zu schenken und ihn die Trennung vergessen zu lassen, sollten Sie sich dennoch so gründlich wie möglich über sein *Vorleben* informieren. Fragen Sie dem Vorbesitzer nach Möglichkeit ein Loch in den Bauch. Wie verhält sich der Hund gegenüber Fremden? Kennt er Kinder? Mit welchen Hunden spielte er? Wie wurde er erzogen? Welche Auffälligkeiten zeigte er? Denn beim Second-Hand-Hund heißt es für Sie: Sie müssen auf den Hund eingehen, nicht umgekehrt. Versuchen Sie anfangs, seinen gewohnten Tagesrhythmus – Fütterungszeiten, Ruhephasen, Spiel- und Bewegungszeiten – einigermaßen einzuhalten, damit er sich allmählich an Sie und die neuen Umstände gewöhnen kann.

Die Anschaffung

Die Wahl des Züchters

Wenn in einer Anzeige Welpen verschiedener Rassen angeboten werden, ist genauso Vorsicht geboten wie bei Firmen, die ganzjährig Welpen anbieten. Wer kommerziell mit Hunden handelt, hat entweder viele Mutterhündinnen, die als Gebärmaschinen mißbraucht werden, oder er verkauft aus obskuren Quellen zugekaufte Tiere. Sie aber wollen einen Welpen, um den sich eine gesunde Mutter und ein verantwortungsvoller Züchter gekümmert haben. Daher sollten Sie

solche Anzeigen unbeachtet lassen und Kontakt zu mehreren privaten Züchtern suchen. Alle Hovawartvereine haben Welpenvermittlungsstellen

Ein Armvoll Hund – erster Besuch beim Züchter

(Adressen siehe Seite 93), bei denen Sie erfahren können, welcher Züchter gerade Welpen anzubieten hat.
Wenn Sie Wert auf einen bestimmten Hovawarttyp legen oder später einmal selbst züchten wollen, empfiehlt es sich, einige Hundeausstellungen zu besuchen und die dort ausgestellten Hovawarts zu vergleichen. Sie können dort direkt mit Ausstellern und/oder Züchtern Kontakt aufnehmen. Im Idealfall erfahren Sie dort auch, wann wer in Ihrer Nähe einen Wurf plant oder gerade aufzieht. Vielleicht haben Sie auch noch Fragen, auf die Sie bisher keine Antwort gefunden haben. Wo und wann solche Ausstellungen stattfinden, entnehmen Sie Tier- und Hundezeitschriften sowie den Tageszeitungen. Auskunft erteilt auch der VDH (Verband für das Deutsche Hundewesen), unter dessen Dach die einzelnen Vereine zusammengefaßt sind. Wählen Sie Ihren Welpen nicht gleich beim ersten Züchter aus. Lassen Sie sich Zeit. Denken Sie daran: Sie leben in der Regel mindestens zwölf Jahre mit dem Tier Ihrer jetzigen Wahl!

Ein seriöser Züchter
♦ ist sofort bereit, Ihnen die Mutter und ihre Welpen zu zeigen;
♦ hat nur ein bis zwei Würfe, die er zu Hause aufzieht;
♦ beantwortet alle Ihre Fragen;
♦ fragt seinerseits, welches Leben seinen Welpen erwartet;
♦ kann über Vater, Mutter und jeden einzelnen Welpen Auskunft geben;
♦ ist bereit, Sie mehrere Male zu empfangen, damit Sie die Welpen öfter besuchen können;
♦ drängt Sie nicht zum Kauf;
♦ hat korrekte Papiere und Impfpässe der Welpen;
♦ wird von Mutter und Welpen begeistert oder freudig empfangen.

Welcher Welpe soll es sein?

Natürlich wollen Sie einen gesunden Hund – physisch und psychisch. Wie es um die körperliche Gesundheit steht, kann ein Laie nicht immer auf

■■■■ *So soll es sein: Freudig, vertrauensvoll und neugierig läuft der junge Hund auf ein Mitglied seiner Menschenfamilie zu*

den ersten Blick erkennen. Doch auf einige Merkmale sollten Sie unbedingt achten:

Gesunde Welpen
♦ haben ein dichtes, glänzendes Fell ohne Lücken;
♦ wirken eher pummelig;
♦ haben klare und glänzende Augen;
♦ zeigen keinerlei verklebte Stellen am Körper;
♦ machen einen munteren, quirligen Eindruck.

Sensibelchen oder Draufgänger?

Natürlich zeigen nicht alle Welpen die eine oder andere Temperamentsrichtung in reiner Form. Die meisten werden charakterlich irgendwo zwischen beiden Extremen liegen. Für welchen Sie sich entscheiden, bleibt Ihnen überlassen. Ein dominanter Welpe wird später wahrscheinlich mehr und gründlicher lernen, aber nur dann, wenn er will und/oder Sie die nötige Geduld aufbringen. Ein eher schüchterner Hovawart ist leichter zu erziehen, aber er nimmt ein zu hartes Wort, gar eine schmerzliche Erfahrung, schneller krumm.

Wichtig: Jungtiere, die sich von den Geschwistern oder der Mutter absondern, sollten ebenso Ihr Mißtrauen wecken wie Welpen, die apathisch auf Sie oder den Züchter reagieren.

Eines ist klar: Das Fell haben die Kleinen vom Vater!

◆ *Normal entwickelte Welpen*

Sie zeigen Neugier, haben keine Angst vor Fremden, reagieren auf Geräusche und Bewegungen mit Interesse und sind an die menschliche Hand gewöhnt. Wenn sie hochgehoben werden, suchen sie außerdem nach kurzer Zeit durch Quietschen oder Fiepen den Kontakt zum Nest.

◆ *Draufgänger*

Er zwickt Sie frech in den Arm, wenn Sie ihn hochgenommen haben und er herunter will; er reagiert ohne zu zögern auf ein Rangelspiel. Am Futternapf rempelt er nach dem Motto „Hoppla, jetzt komm ich!" seine Geschwister rücksichtslos zur Seite.

Wenn er umkippt oder ausrutscht, rappelt er sich sofort wieder auf und probiert sein Spielchen noch einmal.

◆ *Sensibelchen*

Dieses Kerlchen schaut Sie mit riesengroßen Augen an, wenn es auf Ihrem Arm sitzt; es wartet, wie Brüder und Schwestern reagieren, bevor es seine Nase in Unbekanntes steckt, und wartet auch mit seiner Mahlzeit, bis die anderen gefressen haben, oder es sitzt traurig neben dem Futternapf. Sensibelchen spielt vorsichtiger und resigniert bei einem Fehlschlag, probiert aber vielleicht auch eine andere Variante. Sensibelchen brauchen eine besonders liebevolle Hand.

Einzug ins neue Heim

Die Vorbereitungen

Ein junger Hund ist ein lebhaftes Geschöpf, mit dessen Ankunft in Ihrem Zuhause sich einiges in Ihrem Leben ändern wird. Wenn der Hovawart Ihr erster Hund ist, müssen Sie noch vor seiner Ankunft einiges vorbereiten. Futter für die ersten Tage wird Ihnen wahrscheinlich der Züchter mitgeben.

Sorgen Sie anhand der untenstehenden Checkliste dafür, daß die erforderliche Ausstattung vorhanden ist und jedes Familienmitglied weiß, worauf es zu achten hat.

Checkliste	***Fragen vor dem Einzug***

◆ *Wo soll der Hund fressen und schlafen?*

◆ *Welche Toilettenplätze soll er benutzen?*

◆ *Welche Räume sind tabu?*

◆ *Sind Balkon und Garten ausbruchssicher?*

◆ *Sind Medikamente, Putzmittel, Farben, Lacke, Düngemittel und alle Gifte hundesicher verschlossen, Stromkabel, Steckdosen und Feuerstellen (Kamin) gesichert?*

◆ *Wer übernimmt in der Familie welche Aufgaben?*

◆ *Wie soll der Hund heißen?*

◆ *Liegen waschbare Hundedecken für Schlafplatz und Auto bereit?*

◆ *Stehen zwei rutschfeste, abwaschbare Näpfe (ca. 20 cm ⌀) parat?*

◆ *Liegen ein gefüttertes Welpenhalsband, Leine sowie beißfestes, knautschbares Hundespielzeug und Kauknochen bereit?*

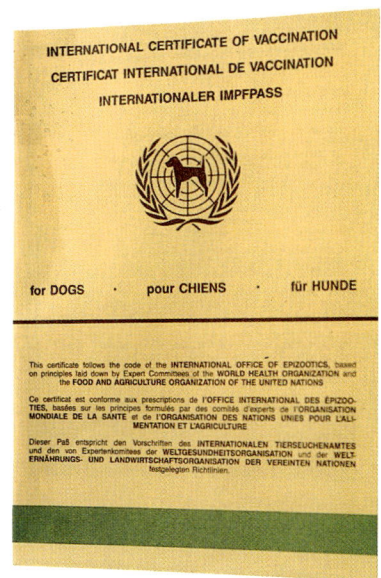

Wichtige Papiere des Hundes sind Ahnentafel und Impfpaß, die Sie beide beim Kauf des Hundes zusammen mit dem Entwurmungsplan vom Züchter erhalten

Falls Sie viel mit dem Hund unterwegs sind, ist ein *Kombi* das ideale Fahrzeug. Der Laderaum sollte mit einem festen *Gitter* vom Fahrgastraum abgetrennt und mit einer weichen Decke ausgelegt sein. In der Limousine ist der Platz des Hundes auf dem *Rücksitz*. Im Garten wird Ihr Hund sich selbst seine Wach- und Ruheplätze suchen. Sie können ihm auch eine Hundehütte bereitstellen. Ein Hovawart darf aber nicht ganztägig in den Garten gesperrt werden, noch weniger in einen Zwinger. Er braucht den engen Anschluß an seine Menschen.

Unser Tip

Lassen Sie sich die Adresse des bisher behandelnden Tierarztes sowie ein Stück Stoff mit dem vertrauten Geruch des alten Zuhauses mitgeben.

Der Transport

Vergessen Sie vor dem Heimtransport nicht, den Züchter um Entwurmungsplan, Impfpaß und Stammbaum bzw. Ahnentafel zu bitten. Am besten lassen Sie sich die Unterlagen bei Abschluß des Kaufs aushändigen.

Holen Sie Ihren künftigen Gefährten an einem freien Tag, an dem Sie sich ausschließlich ihm widmen können. Verabreden Sie mit dem Züchter eine Zeit am *Vormittag*, und nehmen Sie Halsband und Leine mit. Empfehlenswert ist der Transport im eigenen *PKW*, notfalls auch im Taxi. Muten Sie einem Welpen nicht gleich am ersten Tag die Hektik öffentlicher Verkehrsmittel zu, er hat schon genug unter der Trennung von der gewohnten Umgebung zu leiden.

Der Hund sollte seine erste Mahlzeit bereits eingenommen und sich entleert haben, ehe Sie mit ihm losfahren. Denken Sie daran, sich vom Züchter das gewohnte Futter für ein paar Tage sowie einen *Futterplan* mitgeben zu lassen.

Dann setzen Sie den angeleinten Hund auf den vorbereiteten Platz im Wagen (nicht auf Ihren Schoß!) und fahren ihn ins neue Heim. Dabei muß sichergestellt werden, daß er nicht im Auto herumkrabbeln kann. Ansonsten sollten Sie so wenig wie möglich auf Fiepen, Zappeln oder andere Anzeichen von Unbehagen reagieren. Der intelligente Hovawartwelpe merkt nämlich sofort, von wem er Trost bekommen kann und erzwingt diesen später mit großer Raffinesse. Wenn Sie den Kleinen sanft zwingen, sich in sein Schick-

Nach so viel Aufregung …

… brauch ich eine Pause …

… bis zum nächsten Abenteuer

sal zu fügen und ergeben das Ende der Fahrt abzuwarten, wird der kleine Hund merken, daß ihm nichts passiert, und später problemlos Auto fahren.

Der erste Tag im neuen Zuhause

Nachdem er von Mutter und Geschwistern getrennt und aus seiner gewohnten Umgebung herausgerissen worden ist, stürzen nun gewaltige neue Eindrücke auf den Kleinen ein. Erst legt er mit ihm nicht ganz geheuren Menschen eine schwankende Fahrt

zurück, dann landet er in einer ihm völlig fremden Umgebung. Er braucht jetzt Zeit, um sich zu orientieren und sich zu beruhigen.

Nach der Autofahrt wird er sicher Wasser lassen müssen – die Aufregung drückt auf die Blase. Anschließend setzen Sie ihn im neuen Zuhause auf seinen *Schlafplatz*, auf den Sie zuvor das „Andenken" gelegt haben, das Ihnen der Züchter mitgegeben hat.

Der Welpe wird je nach Temperament aufgeregt oder bedächtig die fremde Umgebung erkunden. Falls er auf Sie zuläuft, streicheln Sie ihn kurz und lassen ihn weiterforschen. Oft sind es die

Am Tag seiner Ankunft braucht der Welpe viel Ruhe

34

gefüllten Näpfe, die den Bann brechen: Der Kleine frißt ein paar Happen, trinkt ein wenig, schüttelt sich den Streß ab und sucht dann nach einem Schlafplatz in Ihrer Nähe. Idealerweise haben Sie den schon vorbereitet und lassen den Hund jetzt ausruhen. Legen Sie ruhig auch eine Pause ein. Denn wenn Sie aufstehen, wird der Welpe mit Sicherheit wieder wach und wird sich Ihnen anschließen, weil Sie die einzige Orientierung sind, die er hat. Rufen Sie ihn oft bei seinem Namen, damit er schnell merkt, daß er damit gemeint ist. Das macht ihn sicherer.

Am ersten Tag sollten Sie den Welpen alles erkunden lassen, was später einmal sein Reich sein wird. Natürlich muß er dabei auch die mit

ihm lebenden Menschen und Tiere kennenlernen. Alles, was er später nicht darf, unterbinden Sie von diesem ersten Tag an. Lassen Sie ihn nicht auf die Couch hüpfen, wenn Sie das später nicht dulden wollen. Füttern Sie ihn nicht vom Tisch, wenn Sie später ungestört essen wollen. An diesem ersten Tag können Sie die Weichen stellen für ein harmonisches Zusammenleben. Das gilt auch für die erste Nacht. Natürlich fühlt sich der kleine Hund in dieser Situation von Gott und der Welt verlassen. Doch durch diese erste Nacht muß er durch – und Sie mit ihm!

Bleiben Sie in der Nähe sitzen, bis er eingeschlafen ist. Entfernen Sie sich dann leise. Wacht er auf, reagieren Sie nicht. Lassen Sie ihn winseln, kratzen, scharren oder bellen.

Wenn Sie den Welpen in seiner ersten Nacht in Ihr Bett lassen, wird er mit großer Wahrscheinlichkeit für alle Zukunft darauf bestehen. Und er hat mit Sicherheit mehr Ausdauer und Nerven als Sie!

Aber Hunde sind auch gute Verlierer und keineswegs nachtragend. Wenn der Welpe keinen Erfolg verbucht, wird er sich resigniert schlafen legen und Sie morgens selig und temperamentvoll begrüßen.

Der Hund und seine Menschen

Ein Hovawart teilt die Zweibeiner grob in vier Kategorien ein:

▬ den einen, dem er auf Schritt und Tritt folgen will, für den er bereit ist, alles zu tun und alles zu geben.

▬ in die anderen, die zwar auch das Sagen haben, die aber auch etwas geben müssen, bevor sie etwas verlangen können.

▬ in die Fremden, die ihm gleichgültig sind, die er aber als zum Leben gehörend toleriert und denen gegenüber er selbstbewußt-freundlich auftritt.

▬ und in die Fremden, die er als bedrohlich empfindet. Denen gegenüber legt er instinktiv ein bestimmtes kühles Auftreten an den Tag, das blitzschnell in drohendes Verteidigungsverhalten umschlagen kann.

Wer in Ihrer Familie die Nummer eins ist, läßt sich nicht voraussagen. Meistens wird er sich dem voll zuwenden, der mit ihm arbeitet, dem also die Hauptaufgabe bei der Erziehung zufällt, der die gemeinsamen Spaziergänge, die sportlichen Betätigungen unternimmt. Das Füttern, die Fellpflege, auch die Schmuseeinheiten spielen keine so große Rolle. Dieser Hund will „dienen", er braucht ein Vorbild, ein Idol, das ihn fordert. Größe, Geschlecht, Alter sind dabei gleichgültig.

Der Hovawart und andere Tiere

Das angeborene Selbstbewußtsein dieser Rasse beinhaltet auch eine große Toleranz gegenüber Schwächeren. So wird schon der junge Hovawart die Katze, das Kaninchen, das Meerschweinchen und den Wellensittich freundlich begrüßen und willkommen heißen. Auch die Hunde der Nachbarschaft gelten zunächst einmal als Kumpels, mit denen sich spielen und rennen läßt. Es ist sehr leicht, in einen Hovawarthaushalt ein anderes Tier zu integrieren. Der erwachsene Hovawart wird allerdings jeden Rivalen in seine Schranken weisen – ohne Rauferei, aber energisch und bestimmt.

Und – draußen kann der Hovawart seinen Jagdtrieb nicht immer unterdrücken. Die Katze, die vor ihm flieht, animiert ihn zur Verfolgung, auch wenn er zu Hause friedlich mit einer Katze zusammenlebt. In wildreichen Gegenden müssen Sie Ihren Hovawart schon sehr gut erzogen haben, damit er dem flüchtenden Hasen keinen Blick gönnt.

Der Hovawart und Kinder

Aufgrund seines Charakters und Temperaments ist der Hovawart ein attraktiver Gefährte für Kinder, der unbedachte Grobheiten nicht übelnimmt, sich bereitwillig zum Spielen animieren läßt und begeistert mittobt, -rennt oder -schwimmt. Einen kinderfreundli-

Hovawart im Spiel mit einem Border Collie

Mit Kindern groß geworden, zeigt sich der Hovawart als geduldiger Wächter und Beschützer

chen Hovawart finden Sie bei einem seriösen Züchter, der selbst Kinder hat. Wenn der Hund nämlich in seiner Sozialisierungsphase Kontakt mit Kindern verschiedenen Alters hatte, betrachtet er sie und ihre Eigenheiten als zu seiner Umwelt gehörig. Doch wie bei allen großen Hunden gelten auch beim Hovawart folgende Regeln:

■ Lassen Sie Babys und Kleinkinder niemals mit dem Hund allein. Bringen Sie etwas älteren Kindern die Grundregeln im Umgang mit Hunden bei. (Nicht ärgern, schlagen oder beim Essen stören, konsequent sein, Geduld üben, die wichtigsten Kommandos richtig einsetzen etc.)

■ Lassen Sie Kinder nicht allein mit dem Hund spazieren gehen. In kritischen Situationen sind sie hilflos.

■ Gegenüber den Kindern der Familie kann der Hovawart einen *Schutztrieb* entwickeln. Im Streitfall wird er sich stets unmißverständlich auf die Seite der Mitglieder seiner Menschenfamilie schlagen. Das kann unter Umständen zu Gefahrensituationen führen. Dulden Sie daher niemals, daß der Hund als Aggressor oder „Spielball" einer Gruppe mißbraucht wird.

■ Verhindern Sie, daß sich *fremde Kinder* sofort auf Ihren Hund stürzen, und geben Sie ihm Zeit, sich einem fremden Kind zu nähern und es zu beschnuppern.

Empfehlenswert sind die von vielen Vereinen angebotenen sogenannten *Junior-Handling-Kurse*, in denen Kinder lernen, mit ihrem Hund richtig umzugehen. Kindern und Jugendlichen wird hier das richtige Gefühl für ihren Hund vermittelt; außerdem lernt der Hund, sein kleines Herrchen oder Frauchen ernst zu nehmen.

Der Hovawart und ältere Menschen

Hundehaltung ist nicht unbedingt eine Frage des Alters. Wer sich zutraut, dem großen, schweren, temperamentvollen und starken Hovawart ein Leben zu bieten, wie er es braucht (konsequente Erziehung, viel Bewegung und Ansprache), der wird gerade mit einem Hund dieser Rasse glücklich werden.

Sollten Sie allein leben, ist es wichtig, rechtzeitig zu klären, was mit dem Hund geschehen wird, falls Sie einmal bettlägerig sind oder ins Krankenhaus müssen.

Ihr Hund braucht täglich mindestens zwei Stunden ausgiebige Bewegung, und das bei jedem Wetter. Das mag Ihnen an manchen Tagen etwas zu anstrengend sein. Vielleicht haben Sie nette Nachbarn, die Ihnen ab und zu den Spaziergang mit Ihrem Hund abnehmen?

Sie sollten stark genug sein, um einen an der Leine zerrenden Hovawart zu halten und sich sowohl physisch als auch psychisch gegen einen Dickkopf – denn das kann ein Hovawart zuweilen sein – durchsetzen können.

Ältere Menschen sind gern nachsichtig bei der Erziehung junger Hunde. Der Hovawart ist ein lernwilliger Hund, der sich im Grunde leicht erziehen läßt, der aber auch jede Lücke in der Erziehungsarbeit erkennt und diese ausgiebig nutzt. Eine ebenso liebevolle wie absolut konsequente Erziehung des Hovawarts ist also wichtig.

Haltung und Pflege

Wieviel Bewegung muß sein?

Der Hovawart ist ein Arbeitstier, ein echter Workaholic, der sich gern und viel bewegt. Weil er andererseits zu den großen Hunderassen zählt, deren Skelett langsamer wächst als die Muskeln und der restliche Körper, darf der Junghund sich nicht überanstrengen, sonst besteht die Gefahr von Schäden an der Wirbelsäule, speziell der Lendenwirbelsäule. Erst dem – etwa mit 18 Monaten – ausgewachsenen Hund darf man Ausdauer und entsprechende Leistung abverlangen.

Wichtig: Bis der Hovawart sein erstes Lebensjahr vollendet hat, gefährden Laufen neben dem Fahrrad, Springen über Hindernisse und Treppensteigen seine gesunde Entwicklung.

Das bedeutet natürlich nicht, daß Sie Ihren Kleinen in Watte packen und so wenig wie möglich laufen lassen sollten. Damit die jungen Muskeln trainiert werden und auch zur geistigen Entwicklung braucht er sehr viel Bewegung, viel frische Luft und mindestens einmal täglich das absolut freie Laufen nach eigenem Gusto. Wenn Sie einen Garten haben, sollten Sie mit

Ihrem Welpen so viel Zeit wie möglich dort verbringen, ihn zum Spielen anregen, kurze (!) Wettrennen mit ihm veranstalten und ihm die Möglichkeit geben, sich zu wälzen, sein Revier gründlich kennenzulernen und seine körperlichen Fähigkeiten zu testen.

Ideal ist – an warmen Tagen – ein kleiner Swimmingpool, in dem der Junghund seine ersten Badeausflüge unternehmen kann.

Mindestens viermal pro Tag sollte ein kurzer Spaziergang auf dem Plan stehen – zwanzig Minuten genügen.

Zwei dieser Touren sollten weniger dem Laufen als dem Erkunden der Umgebung, dem Kennenlernen der Umwelt gewidmet sein. Der Welpe muß ja auch seine Sinne entwickeln und schärfen. Unternehmen Sie deshalb immer wieder Ausflüge, zum Beispiel in die Berge, an Fluß- oder Seeufer, in Wälder, auf freie Wiesengelände, oder gehen Sie zumindest oft mit dem Kleinen im Park spazieren. Zeigen Sie Ihrem vierbeinigen Begleiter auf solchen Touren andere Tiere, interessieren Sie ihn für Holzstapel, machen Sie ihn auf Geräusche aufmerksam. Das hat einen guten Nebeneffekt: Der junge Hund lernt spielerisch, auf Sie zu achten, sich auf Ihr „Hallo, aufpassen!" zu konzentrieren. Die beiden anderen Kurzausflüge dienen rein der Bewegung. Solche Ausflüge können Sie an der Leine oder freilaufend unternehmen. Achten Sie auf ein Tempo, bei dem der Kleine Schritt halten kann. Er sollte nicht außer Atem kommen, aber ruhig einige Minuten traben oder auch galoppieren müssen.

Diese Spaziergänge werden vermutlich in Wohnungsnähe stattfinden, und der Hund wird sich dabei automatisch seine Stammplätze für dringende Bedürfnisse suchen und so nebenbei der restlichen Hundewelt in diesem Revier kundtun, daß er jetzt dazugehört.

Hovawarts sind begeisterte Schwimmer

Nach dem ersten Geburtstag dehnen Sie allmählich die Spaziergänge aus. Einmal pro Tag kann der Hund stramm neben dem Fahrrad laufen, ein Spaziergang sollte der Erziehung bzw. deren Auffrischung gewidmet sein und einer rein dem Hundevergnügen dienen, also Spiel, Spaß und Begegnungen mit anderen Hunden bringen. Der erwachsene Hovawart braucht täglich *mindestens 2 Stunden Bewegung*, um seine Muskeln zu trainieren, frische Luft zu tanken – kurzum: um gesund zu bleiben.

Jetzt kann er getrost auch kraxeln, springen, Sprints einbauen und sich ordentlich austoben, ohne Schaden zu nehmen.

Im Sommer steht auch *Schwimmen* auf dem Programm. Alle Hovawarts sind begeisterte Wasserratten, wenn sie schon in der Jugend Bekanntschaft mit diesem Element gemacht haben. Schwimmen trainiert nicht nur den Körper, sondern stärkt das Immunsystem und fördert die Durchblutung der Haut.

Hovawarts wollen hinaus an die frische Luft und auch bei Regen, Sturm, Nebel, Kälte und Schnee im Freien laufen. Nur an drückend schwülen oder heißen Tagen verlegen Sie die Spaziergänge besser in die Morgen- und Abendstunden.

Für die Fellpflege geeignete Utensilien erhalten Sie im Fachhandel

Fellpflege

Der Hovawart hat ein nicht nur wetterfestes, widerstandsfähiges, sondern auch pflegeleichtes Fell. Es genügt, wenn Sie den Haarwechsel, der zweimal im Jahr stattfindet, durch kräftiges *Bürsten* unterstützen. Natürlich können Sie Ihren Hovawart auch täglich mit Bürste und Kamm pflegen. Ihr Hund wird es, wenn er's von klein auf gewöhnt ist, normalerweise als zusätzliche Zuwendung und als Streicheleinheiten genießen. Bürsten

Ein Vollbad ist für Hovawarts nur bei stark verschmutztem Fell vonnöten

Sie aber nicht gegen, sondern mit dem natürlichen Strich.

Bei Verfilzungen benutzen Sie einen groben *Kamm* mit stumpfen Zinken und fahren vorsichtig durch die Haare. Wenn Ihr Hovawart sich in (für Sie) übelriechendem Unrat gewälzt hat, genügt es ebenfalls, ihn gründlich durchzubürsten, sobald das Fell wieder trocken ist – wenn Ihre Nase tolerant genug ist. Nur der blonde Hovawart zeigt manchmal so deutliche Verschmutzungen im Fell, daß eine *Dusche* notwendig werden kann. Weil die Haare aber fetthaltig sind, bleiben Flecken an der Oberfläche.

Nach einem Schwimmausflug in einigermaßen klarem, sauberem Wasser trocknet das Haarkleid normalerweise von allein. Wenn sich der Hovawart allerdings in verschmutzte Fluten gestürzt hat, sollten Sie ihn vorsichtshalber mit klarem, sauberem Wasser abspritzen.

Unser Tip

> **Verwenden Sie keinen Badezusatz. Ein Bad mit chemischen Zusätzen entzieht dem Haar seine natürliche Fettschicht und macht es matt und empfindlich.**

Im Winter kann es notwendig werden, die *Ballen* gegen Streusalz mit Vaseline einzucremen, doch in den meisten Gemeinden ersetzen natürliche Streumittel die aggressiven Salze. Nach winterlichen Spaziergängen sollten Sie dennoch die Pfoten mit lauwarmem Wasser abspülen.

Sport, Spiel und Freizeit

Spielen heißt lernen

Beim Spielen üben Tiere alle Verhaltensweisen, die sie fürs Leben brauchen, und stählen nebenbei den Körper. Ein Wildtier hört normalerweise zu spielen auf, sobald seine körperliche Entwicklung abgeschlossen ist und der Ernst des Lebens beginnt.
Es ist eines der Kennzeichen domestizierter (also Haus- bzw. Heim-)Tiere, daß sie lebenslang spielen – als Ausgleich für die fehlende Notwendigkeit, Nahrung aufzutreiben, einen Partner zu finden, Jungtiere zu versorgen, das Revier gegen Eindringlinge zu verteidigen usw. Und je stärker sie noch körperlich und geistig auf alle Überlebensnotwendigkeiten vorbereitet sind, desto abwechslungsreicher und zeitaufwendiger muß das Spiel sein, um diese Fähigkeiten nicht verkümmern zu lassen.
Der Hovawart gehört zu den vielseitigen Hunderassen. Er zeigt ein ausgeprägtes Temperament, ist lernbegierig und eifrig, hat ausgezeichnete Sinne und gesunde Instinkte, die alle gefördert werden sollten.

Spiele und ihre Bedeutung

Die richtige Art des Spielens mit dem Welpen erspart Ihnen viele Stunden mühevoller Erziehung.
Sehr viele Regeln, an die sich der Hund später einmal halten muß, prägen sich ihm im Spiel ein.
Solange der junge Hund noch nicht zuverlässig gehorcht – die konsequente Gehorsamserziehung sollte etwa mit sechs Monaten einsetzen –, müssen Sie Ihre Spiele vor allem auf

Der junge Hovawart lernt beim Spielen viele Verhaltensregeln

Lernspiele mit dem Hovawart

Spiel	Dauer	Lernvorgang	Effekt
Zerrspiele	5 Min.	Kommando: „Aus"	kräftigt Gebiß und Kiefer
Wettrennen	5 Min.	Kommando: „Hier"	stärkt Lunge, Herz, Muskeln
Fangspiele	10 Min.	Konzentration	schärft die Sinne
Welpenspiele	30 Min.	Kommunikation mit Artgenossen	stärkt Muskeln
Beutespiele	10 Min.	Konzentration	schärft Sinne, fördert die Kaumuskulatur

Ihren Garten oder einen umfriedeten Platz in Ihrer Nähe beschränken – zu groß ist das Risiko, daß so ein neugieriges Kerlchen auf die Straße läuft. Hier ein paar Spielregeln für Welpen und ihre Halter:

♦ Sobald der junge Hund Ermüdungserscheinungen zeigt, brechen Sie das Spiel ab.

♦ Schon beim Welpen achten Sie darauf, daß Sie der Sieger bleiben.

♦ Auch der Welpe muß schon Tabus kennenlernen: Sie bestimmen, was Spielzeug ist und wovon er seine Zähne lassen muß.

Unsere Tabelle zeigt, welche Arten von Spielen sinnvoll sind und wie lange sie gespielt werden können. *Zerrspiele* sind bei Junghunden sehr beliebt – sie ersetzen das Rangeln in der Welpengruppe, den Kampf um Beute und das Packen größerer Beutestücke. Geeignet sind mit festem Stoff gefüllte Socken oder Handschuhe, dehnbare Hartgummiringe oder ausrangierte Plüsch- bzw. Stofftiere. Auch erwachsene Hunde lieben Zerrspiele.

Wichtig: Verboten sind beim Spielen Holzstückchen, Bälle, Steine – alles, was splittern oder das noch nachgiebige Gebiß überstrapazieren könnte.

Zeigen Sie dem Welpen den begehrten „Bissen", und rangeln Sie mit ihm darum. Er wird knurren, sich Ihrer Hand entgegenstemmen, fest zupakken und durch ruckartige Bewegungen mit Hals und Nacken versuchen, Ihnen das Ding zu entreißen. Natürlich dürfen Sie ihm dieses Vergnügen gönnen, doch sobald er das Objekt fest zwischen Pfoten und Zähnen hat, nehmen Sie es mit einem leisen „Aus" wieder weg. Sie können den Verlust durch einen Leckerbissen wieder ausgleichen, besser ist es jedoch, den Hund statt dessen zu streicheln.
Wettrennen können Sie mit einem unerzogenen Hund nur dann veranstalten, wenn Ihr Garten eine gewisse Größe hat oder wenn Ihnen ein eingezäunter Hundeübungsplatz offensteht. Bis der Kleine die Regeln begriffen hat – laufen Sie einfach vor dem Hund her und beschleunigen gleich-

zeitig unter „Hier"- oder „Komm"-Rufen Ihr Tempo. Dann spielen Sie den Verfolger und überholen Ihrerseits den Hund. Wenn Sie merken, daß Ihr Kleiner erhitzt oder außer Atem ist, brechen Sie unbedingt ab, indem Sie von aufmunterndem zu schmeichelndem Ton wechseln und ihn zu sich rufen, um ihn zu knuddeln und ihm eine Ruhepause zu gönnen. Vor allem für (vernünftige) Kinder und Welpen ist das Wettrennen ein köstliches Austobespiel.

Fangspiele sind eigentlich der Vorspann für Beutespiele. Sie werfen oder rollen dem Hund einen Ball, schleudern ein Apportierdummy oder ein Spielzeug ein paar Meter weit und ermuntern den Hund hinterherzurennen. Sie sollten aber nicht versuchen, jetzt schon das Apportieren zu üben, der Welpe könnte die Lust an der Verfolgung verlieren, wenn er verunsichert wird. Sinn ist es, ihn zu Konzentration zu animieren. Wenn er bei seinem verfolgten Gegenstand sitzenbleibt und diesen kräftig beutelt, können Sie ein Zerrspiel folgen lassen.

Welpenspiele fördern die Entwicklung des jungen Hundes in jeder Hinsicht. Er lernt so die richtige Mimik und Körpersprache und daß es Stärkere und Schwächere gibt. Dabei kopiert er die Angriffs-, Verteidigungs-, Flucht- und Paarungsbewegungen der Älteren.

Es gibt in Deutschland, Österreich, vor allem aber in der Schweiz, beinahe flächendeckend *Vereine* und *Schulen*, die solche Spieltage für junge Hunde anbieten. Fast immer besteht die Möglichkeit, dort nach Feierabend oder an den Wochenenden mit dem Welpen zu toben. Dadurch sinkt das Risiko, daß die Tiere später überängstlich oder aggressiv werden.

Der Zweibeiner kann dem heranwachsenden Hund kein hündisches Verhalten beibringen, er kann ihn lediglich so erziehen, daß er sich dem menschlichen Verhalten anpaßt. Deshalb sind solche Spiele mit anderen Hunden immens wichtig für eine normale Entwicklung.

Auch bei Beutespielen wird normales Verhalten eingeübt. Nach erfolgreicher Jagd packt ein Hund seine Beute und schüttelt sie, bis ihr Genick bricht. Dieses Totschütteln trainieren die Junghunde mit ihrem Spielzeug. Werfen Sie wieder einen Gegenstand und lassen Sie den Hund diesen fangen, suchen, totschütteln und zerkauen. Bald werden Sie merken, worauf Ihr Hund besonders „anspringt". Dieses „Beutetier" sollten Sie von da an rar werden lassen, also nur noch einmal am Tag einsetzen, den Hund dann aber nach Herzenslust darauf herumkauen lassen. Später läßt sich so ein Lieblingsspielzeug zur Motivation bei Apportierübungen und gegen den Hang zum Wildern einsetzen.

Sport und Spiel mit dem erwachsenen Hovawart

Nach Vollendung des ersten Lebensjahres beginnt auch beim Spielen der Ernst des Lebens, jedenfalls dann, wenn Sie vorhaben, mit Ihrem Hund das Angebot an sinnvollen Sportarten zu nutzen. Dazu haben Sie viele Gelegenheiten, denn als Gebrauchshund stehen dem Hovawart beinahe alle Ausbildungswege offen. – Hier eine Übersicht über die häufigsten Aktivitäten von Hovawart-Hundesportlern:

◆ *Ausbildung zum Schutz- und/oder Begleithund*
Dieses Training wird auf beinahe allen Hovawartvereinsplätzen betrieben. Der Hund lernt dabei neben Unterordnung alle wichtigen Kommandos des

Beim Hundesport-Training lernen Hovawarts auch, sich Artgenossen gegenüber friedlich zu verhalten

Grundgehorsams, aber auch Furchtlosigkeit, Verfolgung, Stellen, Bewachen und Packen.

Die Schutzhundeausbildung ist deshalb ins Gerede gekommen, weil sie den Biß in den Schutzärmel, das Festhalten trotz Gegenwehr des Menschen beinhaltet und damit die Bereitschaft des Hundes fördert, zuzubeißen. Für den Hovawart als Familienhund ist sie deshalb nur bedingt empfehlenswert. Das gesamte Repertoire der Unterord-

nungsübungen und die wichtigsten Kommandos des Gehorsams lernen Sie und Ihr Hund auch, wenn Sie ihn zum Begleithund ausbilden lassen.

◆ *Agility*
Diese Turniersportart ist die bekannteste der organisiert betriebenen Hundesportarten. Sie können sich mit anderen Teams messen und bei entsprechendem Talent und Training nationale und internationale Meisterschaf-

ten bestreiten. Bei Agility lernt der Hund, auf Ihr Kommando unterschiedliche Hindernisse in einer vorgeschriebenen Reihenfolge und Richtung perfekt zu bewältigen.

Das klingt leichter, als es ist. Notwendig sind eine sehr feste Bindung zum Menschen und eine hohe Auffassungsgabe, denn der Hund muß die Kommandos „rechts", „links", „langsam", „schnell", „durch", „drüber", „steh", „sitz" und „Platz" verstehen und befolgen. Er darf sich durch nichts,

also weder durch andere Menschen noch durch konkurrierende Hunde, ablenken lassen. Und weil die Hindernisparcours darüber hinaus in einer bestimmten Zeit bewältigt werden müssen, ist auch eine relativ hohe körperliche Fitness des Menschen gefragt – der Hund hat sie meistens ohnehin.

Agility fördert wie kaum ein anderer Hundesport die Bindung des Hundes zu seinem Menschen, die Konzentrationsfähigkeit, die Beherrschung des

eigenen Temperaments sowie die körperliche Tüchtigkeit.

Unser Tip

Viele Vereine bieten Agility-Kurse an. Zuerst sollten Sie einen Schnupperkurs belegen, denn nur wenn es Hund und Mensch im Team Spaß macht, ist Agility eine ideale Freizeitbeschäftigung.

Agility setzt eine *hohe Motivation* des Hundes voraus. Ein Fehler während des Lernens kann ihn derart frustrieren, daß er die notwendige Begeisterung nicht mehr aufbringt. Deshalb sollten Sie diesen Sport nur unter fachkundiger Anleitung ausüben.

◆ *Turnierhundesport*
Er ist wesentlich älter als Agility, in der Öffentlichkeit weniger bekannt, aber vor allem dann eine gute Alternative, wenn Sie selbst auch ein begeisterter

Das Ablegen des Hundes mit dem Kommando „Bleib!" gehört zu den wichtigen Übungen beim Hundesport

Sportler sind. Bei dieser Sportart lernen Sie, wie Sie Ihren Hund z. B. dazu bringen, an einem von Ihnen bestimmten Ort zu bleiben, auch wenn Sie sich entfernen. Sie beide lernen, eine Reihe von Übungen in verschiedenem Tempo und im Kreis anderer Teams zu bewältigen. Auch ein Hindernisparcours gehört zum Programm. Dazu kommen noch Distanzläufe, die vor allem dem Menschen körperliche Fitness abverlangen. Auch beim Turnierhundesport können Sie sich an anderen Teams messen und sich in nationalen und internationalen Wettkämpfen beweisen.

◆ Ausbildung zum Rettungshund

Hierbei handelt es sich nicht um einen Sport, sondern um eine sehr abwechslungsreiche Ausbildung, die Ihr Hund auch dann mitmachen kann, wenn Sie ihn nie zu einem Einsatz heranziehen wollen. Ihr Hund lernt dabei, Verschüttete unter den Trümmern von Gebäuden aufzuspüren, auch auf Fernkommandos zu reagieren, absolute Körperbeherrschung und absoluten Gehorsam. Das Ausbildungskennzeichen (RH) wird nur auf die Zeit der aktiven Zusammenarbeit des Teams Hund–Mensch vergeben. Ausgebildet und geübt wird auf Vereinsplätzen der entsprechenden Verbände sowie in einigen ausgesuchten Hundeschulen. Trotz des ernsten Hintergrundes macht diese Ausbildung viel Freude – beiden im Team.

◆ Fährtensuche

Diese Disziplin bieten ebenfalls viele Vereine als Kurs an. Der Hund lernt dabei zu revieren, also Gelände gezielt auf einen bestimmten Geruch hin abzusuchen, er lernt, Spuren zu folgen, die – je nach Schwierigkeitsgrad – dazwischen abbrechen oder „verleitet", also durch andere Spuren gestört werden.
Für das Nasentier Hund ist die Fährtensuche mit viel Freude verbunden.

In vereinsinternen Wettbewerben können Sie und Ihr Hund Prüfungen ablegen oder sich der Konkurrenz stellen.

◆ *Mobility und Obedience*

Diese beiden Hundesportarten sind bei uns noch nicht allzu bekannt, werden aber bereits von einigen Vereinen angeboten. Wie beim Turnierhundesport und bei Agility müssen die Hunde unter Beweis stellen, daß sie kommandofest sind und auch auf einige Entfernung hin die Wünsche ihrer Menschen erfüllen.

Bei *Mobility* brauchen Sie selbst nicht allzu sportlich zu sein – es ist der Hund, dem Fitness abverlangt wird. *Obedience* ist sozusagen die Krönung der Kommunikation zwischen Hund und Halter. Sie fordert dem Hund große Disziplin ab: Er muß auf Handzeichen, Pfiff, Mienenspiel und Worte seines Menschen reagieren und darf sich weder durch seine Umwelt ablenken noch sich irritieren lassen, wenn sein Mensch ihn allein läßt.

Erst vom zweiten Lebensjahr an sollten Sie mit Ihrem Hovawart Fahrradausflüge unternehmen

◆ *Verschiedene Sport- und Spielmöglichkeiten*

Außer den bisher vorgestellten Teamsportarten gibt es natürlich noch eine ganze Reihe anderer interessanter Möglichkeiten. Beim Bergwandern oder Skilanglaufen bzw. Schwimmen ist Ihnen Ihr Hund ein begeisterter Begleiter. Beim Radfahren müssen Sie darauf achten, daß Sie den Hovawart nicht überanstrengen.

Wenn Ihr Hund auf die Suchspiele seiner Jugend positiv reagiert hat, können Sie ihn auch zu einem echten Spürhund erziehen (lassen). Dazu benutzen Sie das Lieblingsspielzeug seiner Jugend oder einen gleich riechenden bzw. beschaffenen Ersatz und verstecken diesen anfangs an leicht zugänglichen, später an schwieriger zu findenden Orten. Gehen Sie mit dem Hund anfangs direkt am Versteck vorbei und sagen Sie auffordernd „Such". Natürlich findet er sein Spielzeug und zerrt es aus dem Versteck. Dafür wird er gelobt. Nach einigen Übungsstunden hat sich „Such" mit der Tat verknüpft, und Ihr Hund sucht von da an auf Kommando.

Später können Sie das Spielzeug durch andere Gegenstände ersetzen, an denen Sie ihn schnuppern lassen. Wichtig ist die Motivation. Ihr Hund muß wissen, daß ihn ein *Lob* erwartet, wenn er den verlorenen Gegenstand wiederfindet. Eine Ausbildung zum Spürhund bieten viele Vereine und Schulen an.

Der Hovawart im Urlaub

„Nicht ohne meinen Hund!" Dieser Grundsatz sollte gerade für einen so auf den Menschen fixierten Hund wie den Hovawart gelten. Es ist für ihn kein Drama, wenn er ein paar Tage ohne seine Menschen und die gewohnte Umgebung auskommen muß, doch wer seinen Hund wochenlang allein läßt, riskiert, daß dieser mißtrauisch oder überängstlich wird oder andere Verhaltensstörungen entwickelt. Er ist und bleibt ein Rudeltier.

Dennoch kann es vorkommen, daß Sie ohne Ihren Hund verreisen müssen. Dann haben Sie nur zwei Möglichkeiten: Sie lassen den Hund von einem *Sitter* betreuen, der ihn zu sich nimmt oder ihn im gewohnten Zuhause versorgt, oder Sie bringen ihn in einer *Hundepension* bzw. einem Gehege im *Tierheim* unter.

Hundesitter finden Sie über Hovawart-Vereine oder über Inserate in Tageszeitungen. Sie können auch den Tierarzt oder Ihren Züchter fragen.

Wichtig: Wer einen Hovawart hüten will, muß Erfahrungen mit der Rasse haben! Lassen Sie den Hundesitter das Tier einige Tage vor Ihrer Abreise kennenlernen, und prüfen Sie, ob die zwei miteinander zurechtkommen. Im Zweifelsfall sollten Sie sich nach einer Alternative umsehen.

Hundepensionen gibt es in allen drei deutschprachigen Ländern. Auch viele Tierheime bieten als Service die Unterbringung von Hunden während einer Reise seines Menschen an.

Der Service ist dabei äußerst unterschiedlich. Erkundigen Sie sich deshalb genau nach den Leistungen, die im Preis enthalten sind. Die Checkliste auf Seite 56 hilft Ihnen, die wesentlichen Punkte zu klären.

◆ *Hat der Hund jeden Tag Auslauf in einem großen Gehege?*

◆ *Unternimmt jemand Spaziergänge mit dem Tier?*

◆ *Hat Ihr Schützling eine ständige Pflegeperson, die ihn täglich zu den gewohnten Zeiten füttert?*

◆ *Ist ein Tierarzt auf Abruf verfügbar?*

◆ *Wie sind die hygienischen Verhältnisse in den und um die Boxen?*

◆ *Wird der Hund sein gewohntes Futter erhalten?*

◆ *Dürfen Sie Spielzeug und Decke mitbringen?*

◆ *Machen die Pfleger einen erfahrenen und kompetenten Eindruck?*

◆ *Sind die anderen Tiere gut gepflegt? Wirken sie ausgeglichen und zufrieden?*

Auf Reisen

Am besten ist es, wenn Sie Ihr Tier auf Ihre Urlaubsreisen mitnehmen, besonders dann, wenn Sie viel Freizeit haben. Ein paar Vorbereitungen sind natürlich nötig:

▬ Legen Sie die Route so, daß Sie alle zwei Stunden eine ausgiebige Rast einlegen können und nicht während der Mittagshitze fahren müssen.

▬ Ins Reisegepäck gehören zwei Schüsseln für Wasser und Futter, gewohnte Nahrung auf Vorrat (Dose oder Trockenfutter) und eine Notapotheke (Pinzette, Verbandsmaterial, Desinfektionsmittel, Fieberthermometer, Zeckenzange, Ungezieferhalsband vom Tierarzt – andere lösen oft Allergien aus)

▬ Sorgen Sie dafür, daß der Hund ausreichend Platz im Wagen hat.

▬ Im Wagen selbst sollten Sie Leine, Hundedecke, eine Flasche Trinkwasser mit Schüssel und den Impfpaß bereithalten, letzteres vor allem, wenn Sie eine Grenze passieren.

▬ Lassen Sie den Hund am Morgen der Abreise nur wenig Futter aufnehmen. Fressen kann er nach der Ankunft.

Der Hovawart sollte lernen, einige Stunden allein zu bleiben

Erkundigen Sie sich vor Auslandsreisen nach den Bestimmungen im Zielland. Einige Länder haben Maulkorb-, andere Leinenzwang, oder es ist eine Gesundheitsbescheinigung vom Amtstierarzt vorgeschrieben wie in vielen osteuropäischen Ländern.

Natürlich sollten Sie als Urlaubsziel eine Gegend wählen, in der Sie mit Ihrem Hund die gewohnten Spaziergänge unternehmen können.

Das *Klima* in Mittel- und Nordeuropa liegt einem Hovawart mehr als subtropische oder tropische Hitze. Doch er wird auch gelegentliche Sonnenglut in Kauf nehmen, wenn er ausreichend Schatten oder Schwimmmöglichkeit hat. Hauptsache, er ist bei Ihnen!

Die gesunde Ernährung

Was sollen Sie füttern?

Es gibt kein Patentrezept für die „richtige" Ernährung eines Hovawarts, sondern durchaus verschiedene bewährte Möglichkeiten, den Hund ausgewogen und gesund zu füttern, sei es mit Dosen-, Trocken-, Halbfeucht- und Ergänzungsfutter, sei es mit selbst zubereiteten Mahlzeiten.

Bei der Wahl des Futtermittels steht Ihnen im Handel eine breite Palette an Dosen-, Trocken- und Halbfeuchtfutter zur Verfügung. Der Vorteil dieser Fertignahrungen ist, daß darin alle wichtigen Nährstoffe, Vitamine und Mineralien ideal aufeinander abgestimmt enthalten sind, und der Hund damit rundum gut und ausreichend versorgt wird. Schwieriger hingegen ist die optimale Zusammenstellung der Zutaten, wenn Sie die Mahlzeiten für Ihren Hund selbst zubereiten möchten. In diesem Fall sollten Sie sich von einem Züchter oder Ihrem Tierarzt beraten lassen.

Wichtig: Tabu sind Essensreste aus der eigenen Küche. Diese sind in der Regel zu stark gewürzt, zu fetthaltig sowie ungeeignet zusammengesetzt, ferner Schokolade und alle anderen Süßwaren sowie Käse und Wurst.

Groß ist auch das Angebot an Leckerlies, Snacks, Biskuits und Kauknochen für den Hund. Diese können im Rahmen der Erziehung, als Belohnung und auch einfach als liebevolle Aufmerksamkeit dienen. Ebenso wie die Fertigfutter sind sie auf den Bedarf der Hunde abgestimmt, und manche fördern auch die Gesundheit der Zähne. Werden sie in Maßen eingesetzt, ist gegen solche Snacks nichts einzuwenden. Doch sollten sie weder Mahlzei-

Unser Tip

Welpen, Junghunde, Senioren, Zuchthündinnen, übergewichtige und kranke Hunde haben einen speziellen Nahrungsbedarf. Hierfür bieten verschiedene Hersteller spezielle Fertigfutter an. Diese sind beim Tierarzt oder im Fachhandel erhältlich.

Die richtige Menge

ten ersetzen noch in zu großen Mengen verfüttert werden. Reduzieren Sie die Hauptmahlzeit entsprechend, wenn Sie Ihrem Hovawart einen Leckerbissen gönnen, denn die kleinen Snacks sind sehr kalorienreich.

Wichtig: Der Speiseplan des Hundes soll von Ihnen und nicht von Ihrem Vierbeiner bestimmt werden. Denn entgegen mancher Behauptungen, regulieren Haushunde ihre Futteraufnahme nicht instinktiv ihrem Bedarf entsprechend.

Grundsätzlich richtet sich der Futterbedarf – sprich Menge und Energiegehalt – nach dem Alter, der Größe, dem Geschlecht und der Aktivität des Hovawarts. Das ideale Gewicht eines ausgewachsenen Hovawarts liegt je nach Statur, Größe und Geschlecht zwischen 25 und 40 kg. Darüber hinaus spielt aber auch die individuelle Veranlagung (schwerfuttrig, körperlich sehr aktiv etc.) Ihres Hundes eine Rolle, die Sie in dem Speiseplan

Der tägliche Futterbedarf				
Alter	Gewicht	Dosenfutter	Trockenfutter	Halbfeucht-futter
2 Monate	ca. 4 kg	260–320g	80–100g	140g
6 Monate	15–20kg	700–1000g	190–240g	340g
erwachsen (normal aktiv)	25–40kg	1000–1300g	280–400g	440–640
erwachsen (sportlich aktiv)	25–40kg	1300–1600g	330–470g	550–900g
Senior	25–40kg	850–1200g	220–300g	370–550g

berücksichtigen sollten. Im Durchschnitt beträgt der *Tagesbedarf* eines normal veranlagten und beanspruch-

Unser Tip

Sind die Rippen des Hundes nicht zu fühlen, trägt er überflüssige und damit gesundheitsbelastende Pfunde mit sich herum. Treten die Rippen allerdings deutlich hervor, sollten die Mahlzeiten reichhaltiger und energiereicher ausfallen.

ten erwachsenen Hovawarts 800 bis 1200 g Dosen-Vollnahrung oder 300 bis 500 g Trockenfutter. Ungefähr den gleichen Nährwert haben 500 bis 1000 g Fleisch mit 250 g Flockenfutter.

Die Tabellenwerte zum täglichen Futterbedarf sind nur als ungefähre *Richtwerte* anzusehen, da die verschiedenen Sorten an Fertignahrungen einen unterschiedlichen Kaloriengehalt haben und jeder Hund seinen individuellen Bedarf hat. Höherpreisige Nahrung ist meist auch höherwertig. Kaufen Sie also ein Qualitätsprodukt.

Für die Reinigung seiner Zähne und die Kräftigung seines Gebisses können Sie Ihrem Hovawart Büffelhautknochen oder sogar natürliches Horn anbieten

Fütterungszeiten

Feste Fütterungszeiten und stets frisches, sauberes Trinkwasser sind sehr wichtig für den Hund. Häufige Zwischenmahlzeiten schaden nur, da die Menge dadurch unkontrollierbar wird.

■ Beim *Welpen* sollte die Futterration auf vier Mahlzeiten pro Tag verteilt und bis zum sechsten Monat auf zwei bis drei Mahlzeiten reduziert werden.

■ Der *erwachsene Hovawart* sollte seine Ration über den Tag verteilt in einer größeren und ein bis zwei kleineren Portionen erhalten. Ob die große Mahlzeit morgens, mittags oder abends gereicht wird, ist dabei gleichgültig, solange regelmäßige, feste Fütterungszeiten eingehalten werden.

Während und nach den Mahlzeiten braucht Ihr Hund Ruhe; hektisch heruntergeschlungene Mahlzeiten sowie körperliche Belastung nach dem Fressen schlagen ihm auf den Magen – im Extremfall bis zur lebensgefährlichen Magendrehung.

Erziehung des Hovawarts

Die Stubenreinheit

Stubenrein wird der Welpe recht schnell, wenn Sie in den ersten beiden Wochen beinahe rund um die Uhr bei ihm sind und ihn gut beobachten.

Das Bedürfnis, sich zu entleeren, haben Hunde immer nach den Mahlzeiten und wenn sie nach einem längeren Schlaf aufwachen.

Morgens sollten Sie vor Ihrem Welpen aufgestanden sein. Wenn dieser schon wach ist, übersehen Sie die Pfütze oder das Häufchen in der Nähe seines Schlafplatzes. Schläft er noch, wecken Sie ihn und tragen ihn an die Stelle, an der er sich entleeren soll. Verknüpfen Sie die folgende Handlung mit irgendeinem Wort („Seechen", „Mach mal", „Beinheben" etc.), das Sie just dann aussprechen, wenn er Anstalten macht, sich hinzuhocken. Ein kurzes Lob genügt, ihm klarzumachen, daß er soeben ein erwünschtes Verhalten an den Tag gelegt hat.

Die gleiche Prozedur unternehmen Sie ungefähr zehn Minuten nach jeder Mahlzeit und unmittelbar nach jeder Schlafphase. Auf diese Weise verhindern Sie, daß sich die Gewohnheit festsetzt, sich wo auch immer vom Druck auf Blase oder Darm zu befreien. Und Sie erreichen, daß der Hund von klein auf den Ort kennt, an dem er darf und soll. Das ist später äußerst nützlich, denn Sie sparen sich damit die Peinlichkeit eines Häufchens auf dem Bürgersteig mitten in der Stadt.

Wichtig: Nach kurzer Zeit wird der Welpe an die Tür drängen, wenn er zu seinem „Örtchen" will, und Sie sollten unbedingt darauf eingehen. Junge Hunde können Harn- und Kotdrang nicht beherrschen. Vergessen Sie nie Ihr Codewort und das Lob!

Bei den ersten Spaziergängen beobachten Sie Ihren Hund, wenn er suchend zu schnüffeln beginnt oder die Hinterläufe leicht einknickt. Sofort folgt das *Schlüsselwort*. Dabei bleiben Sie selbstverständlich stehen, damit er nicht zögert und dann hinter Ihnen herläuft, um nicht zurückzubleiben. Wieder unterstützen Sie seine Handlung durch ein kurzes Lob.

Nach spätestens vier Wochen ist der Junghund auf diese Weise ohne jede Strafe stubenrein.

Stecken Sie *niemals* die empfindliche Hundenase ins Malheur. Der Hund kann die Handlung nicht verstehen, er wird davon höchstens verstört, aber niemals stubenrein.

Falls der Hund an einem unerwünschten Ort Urin oder Kot läßt und Sie dabei sind, können Sie ihm mit einem energischen Nein und einem Ruck an der Leine, der ihn zum Weiterlaufen veranlaßt, klarmachen, daß er soeben etwas nicht Erwünschtes tut. Wenn Sie Flecken erst später entdecken, tun Sie bitte nichts. Ignorieren Sie, solange der Hund dabei ist, den Schmutz und putzen Sie ihn später, in Abwesenheit des Hundes, weg. Damit sich kein *animierende Geruch* festsetzt, sollten Sie die betreffende Stelle mit Geruchstilger (Zoofachhandel) bzw. mit Essig reinigen. Hunde markieren nämlich am liebsten da, wo es nach ihnen oder einem anderen Hund riecht.

Etwa ab dem sechsten Lebensmonat hebt der Hovawartrüde sein Bein und teilt sich seine Urinportionen über einen ganzen Spaziergang auf. Wenn es soweit ist, brauchen Sie Ihr Codewort nie wieder, denn er markiert von nun an instinktiv sein Revier und dessen Grenzen.

Die Hündin ihrerseits wird vor und während jeder Läufigkeit sehr häufig und an den unterschiedlichsten Stellen kleine Wassermengen lassen, um damit der männlichen Hundewelt anzuzeigen, daß sie zur Paarung bereit ist. Dieses Verhalten legt sie nach der Hitze wieder ab.

Leinenführigkeit

Die meisten Welpen kennen das Halsband bereits, haben aber noch kaum Bekanntschaft mit der Leine gemacht. Je eher sie leinenführig sind, desto schneller können Sie mit ihnen längere Spaziergänge unternehmen. Wenn der Kleine sich gegen das Halsband sträubt, verbinden Sie das Anlegen immer mit einer angenehmen Erfahrung. Legen Sie es zum Beispiel immer dann um, wenn Sie mit dem Hund spielen, wenn er einen Leckerbissen bekommt oder Streichelstunde angesagt ist. Danach folgt ebenfalls ein Lob. Oder unmittelbar nach dem Anlegen muß ein Spielchen begonnen, eine Streicheleinheit oder ein Leckerbissen gegeben werden. Binnen weniger Tage wird der Hund sich das Band mit Freude anlegen lassen.

Damit er die Leine niemals als Hindernis begreift, sondern als das, was sie

ist, nämlich als verlängerte Hand, ist es wichtig, daß Sie die ersten Spaziergänge sehr kurz halten und einfühlsam reagieren. Zunächst könnte der Hund sich gegen den ungewohnten Zug stemmen, stehenbleiben oder gar rückwärts laufen. Dann locken Sie ihn mit der freien Hand nach vorn (nicht schimpfen!), indem Sie ihm einen Gegenstand vor die Nase halten, der seine Neugier erregt und ihn vom Leinenzug ablenkt. Setzt er sich hin, blei-ben Sie ruhig stehen, drängt er zurück, geben Sie leicht nach. Locken Sie ihn immer wieder, bis er ein paar Schritte nach vorn macht, und freuen Sie sich offensichtlich darüber. Animieren Sie ihn zum Vorwärtslaufen, indem Sie selbst ebenfalls etwas vorgehen.

Dem Gegenteil, nämlich dem ungestümen Drang nach vorne, dem Sich-ins-Zeug-Legen, begegnen Sie durch sanften Zwang. Lassen Sie die Leine allmählich stramm werden, indem Sie

Ihr Tempo reduzieren, und rufen Sie gleichzeitig den Hund zu sich. Lassen Sie es auf keinen Fall zu, daß er so stark zieht, daß beide Vorderläufe in der Luft sind – der Druck auf den Hals versetzt ihn nur in Angst und regt ihn zur Flucht an.

Für den *Welpen* nehmen Sie eine *kurze Leine* an einem *weichen Halsband*. Später können Sie auf ein *Kettenhalsband* umstellen, das das Haarkleid schont und mit einem Griff an- und abnehmbar ist. Wählen Sie unbedingt ein Kettenzughalsband, das auch zugezogen immer noch einen Finger breit Spielraum um den Hals läßt!

Beim heranwachsenden Hovawart, etwa ab einem halben Jahr, haben Sie die Möglichkeit, zwischen drei Leinenarten zu wählen:

■ Die *kurze Leine* schafft die engste Verbindung und ist für die Großstadt gut geeignet, weil sie nie zuviel Spielraum zwischen Mensch und vierbeinigem Begleiter läßt.

■ Die *Automatikleine* läßt dem zwar Hund Spielraum, sich zu bewegen, hindert ihn aber daran, zu weit wegzulaufen. Im Notfall kann sie sofort festgezogen werden. Beim noch unerzogenen Hund ist sie für lange Spaziergänge auf freiem Gelände gut geeignet.

■ Die sogenannte *Erziehungsleine*, eine bis zu 6 m lange Schnurleine, setzen Sie beim Unterricht ein. Sie haben damit auch über größere Entfernungen unmittelbaren Einfluß auf den Hund, zum Beispiel wenn Kommandos nicht befolgt werden.

Ob Sie beim Kauf der Leine zu einer der oft knallig bunten, aber äußerst reißfesten *Nylonleinen* greifen oder die traditionelle *Lederausführung* bevorzugen, ist reine Geschmackssache.

Vor allem zu Anfang eines Spaziergangs, wenn der Hovawart ungestüm vorwärtsdrängt und Sie mit ihm nicht Schritt halten können, beim Auftauchen eines anderen Hundes oder fliehender „Beute" wird sich der noch nicht erzogene Hund vehement ins Geschirr werfen. Lassen Sie das von Anfang an nicht durchgehen. Begegnen Sie dem Ruck, dem Sie ausgesetzt werden, mit einem kräftigen Gegenruck, der dem stürmischen Kerlchen klarmacht, daß es sein Temperament zügeln muß, auch dann, wenn Sie die Leine gelöst haben.

Diese Lektion muß unbedingt sitzen. Denn sie ist kaum mehr nachzuholen, wenn anstelle der zehn Kilo Hund einmal dreißig Kilo an der Leine zerren. Es macht nichts, wenn der Welpe durch den Ruck an der Leine umfällt. Wenn Sie in diesem Punkt nicht konsequent sind, werden Sie es sein, der eines Tages am Boden liegt.

Hundeschule oder Hundeplatz?

Allen anderslautenden Meinungen zum Trotz: Es ist kein Eingeständnis Ihrer Erziehungsunfähigkeit, Faulheit oder Unerfahrenheit im Umgang mit Hunden, wenn Sie für die Erziehung Ihres Hovawart kundige Hilfe in Anspruch nehmen – im Gegenteil! Der Hund hat eine Reihe von Instinkten, reagiert auf unzählige Auslöser, die der Mensch nicht bewußt erlebt, und er hat ein ausgezeichnetes Gedächtnis. Das bedeutet: Mit einem winzigen Fehler können Sie unter Umständen Ihre ganze Autorität verspielen.

Wenn also Ihr Hovawart der erste Hund in Ihrer Familie ist, wenn Sie bisher nur kleine Hunde als Begleiter hatten oder wenn auch nur die Spur von Unsicherheit in Ihnen steckt: Vertrauen Sie sich ruhig einem Fachmann an.

Dazu haben Sie zwei Möglichkeiten: Entweder Sie besuchen eine *Hundeschule* und buchen einen Erziehungskurs oder Sie werden Mitglied in einem *Hovawart-*, einem *Hundesport-* oder einem allgemeinen *Hundeverein* und lernen zusammen mit anderen Hundebesitzern und deren Vierbeinern die Prinzipien der Grundkommandos. Die Vorteile einer Ausbildung unter fachmännischer Anleitung liegen auf der Hand:

◆ Der Ausbilder erkennt den „Wissensstand" Ihres Hundes und kann die Erziehung darauf abstellen.

◆ Der Ausbilder sieht, ob Sie Ihren Hund unter- oder überfordern und wird Sie darauf aufmerksam machen.

◆ Sie lernen „by doing" Ihre Stärken und Schwächen als Autorität kennen.
◆ Sie können sofort fragen, wenn Probleme auftauchen.
◆ Ihr Hund kommt während des Unterrichts noch mit Artgenossen zusammen und lernt, sich auf Sie zu konzentrieren und sich nicht ablenken zu lassen.

Ob Sie sich zum Unterricht in einer Schule oder bei einem Verein entschließen, hängt von Ihren persönlichen Vorlieben ab. In der Schule werden Sie mehr bezahlen müssen, andererseits wird dort individuell auf Ihre Wünsche eingegangen. Sie haben normalerweise auch Einfluß auf die Zeiten, in denen Sie einen Kurs besuchen wollen. Sie können sich gezielt zu einem Problem beraten lassen. Und: Hundeschulen gibt es fast in jedem Ort.

Der Hundeverein verlangt Ihnen eine gewisse Disziplin ab, der Unterricht ist allerdings (wenn Sie einen Mitgliedsbeitrag entrichtet haben) gratis oder sehr preiswert. Sie lernen in der Gruppe zusammen mit anderen frischgebackenen Hundehaltern, können mit diesen Ihre Fortschritte oder Probleme diskutieren. Andererseits haben Sie keinen Einfluß auf Unterrichtszeiten und müssen Fehlstunden

Das Apportieren eines Gegenstandes gehört zum Lernrepertoire an Hundeschulen

damit büßen, daß Ihr Hund erst aufholen muß, was er versäumt hat.
Wenn Ihr Welpe ungefähr zwölf Wochen alt ist, sollten Sie sich in den Hundevereinen und -schulen Ihrer Umgebung umsehen und sich in Ruhe für den für Sie idealen Unterricht entscheiden
Natürlich können Sie auch mit Hilfe eines Erziehungsbuches oder unter Anleitung eines erfahrenen Hundebesitzers Ihren Hovawart erziehen. Er gehört zu den Rassen, denen Lernen leichtfällt und die sich deshalb bereitwillig erziehen lassen.

Die Grundkommandos

Die Grundregeln der Erziehung muß auch der Hovawart lernen, der nicht als Gebrauchshund eingesetzt werden, sondern „nur" Freund und Familienhund sein soll. Nur so ist ein harmonisches Zusammenleben überhaupt möglich. Ein unerzogener Hovawart würde zu einer echten Plage – er sucht ja die Herausforderung – und würde alle seine Menschen unterdrücken. Was jeder Hovawart können muß (und zwar mit und ohne Leine), sind folgende Kommandos:

◆ Bei Fuß!
◆ Sitz!
◆ Platz!
◆ Hier!
◆ Aus!
◆ Nein/Pfui!
◆ Bleib!

Wenn er diese sieben Kommandos einwandfrei beherrscht, können Sie immer und überall verbal Einfluß auf ihn nehmen und so dafür sorgen, daß er zuverlässig ist und sich in die Familie integrieren läßt.

„Bei Fuß!"

Bei Fuß zu gehen lernt der Hund zunächst an der Leine. Er sollte *links* von Ihnen laufen, dabei halten Sie das Leinenende in der rechten Hand und haben die Linke etwa dort in Leinennähe, wo sie durchhängt. Laufen Sie mit dem Hund eine Zeitlang und lenken Sie die Aufmerksamkeit Ihres Hundes auf sich. Dann sagen Sie „Fuß" und verlangsamen oder beschleunigen gleichzeitig Ihr Tempo. Sobald die Leine straff ist, ziehen Sie sie ruckartig an, wieder Fuß sagend. Wenn der (irritierte) Hund dann sein Tempo auch nur halbwegs auf Ihres einstellt, folgt sofort ein Lockern der Leine und ein Lob. Lassen Sie ihn dann ein paar Schritte nach eigenem Gusto laufen, bevor Sie ihm per Leine und Wort wieder bedeuten, direkt neben Ihnen Schritt zu halten. Die Lektion „Bei Fuß" üben Sie niemals länger als zwei bis drei Minuten, denn dann läßt die Konzentrationsfähigkeit des Hundes nach. Beenden Sie die „Fuß"-Übungen immer dann, wenn der Hund sich gerade richtig verhalten hat – mit einem Lob und einem Spiel. Frei bei Fuß zu gehen lernt der Hund am leichtesten, wenn er sich vorher gründlich ausgetobt hat. Er sollte schon etwas müde sein, wenn Sie ihn an Ihre Seite rufen, eine Hand direkt vor seine Nase halten und das ihm schon geläufige „Fuß" aussprechen.

Lassen Sie ihn die Übung anfangs höchstens 10 m durchführen, dann kommt Ihr „Brav", ein kurzes Tätscheln im Nacken und die Aufforderung „Lauf" oder ein Spiel. Später erhöhen Sie den Schwierigkeitsgrad, indem Sie ihn zu sich rufen und sofort „Fuß" gehen lassen, dann die Tempi immer wieder ändern, später auch die Richtung und in die „Fuß"-Übung andere Übungen einfließen lassen („Sitz!", „Platz!").

„Sitz!"

Dieses Verhalten gehört zu den ersten Übungen, die ein Hund beherrscht. Einfach deshalb, weil Sie direkt Einfluß auf ihn nehmen, ihn also manuell zwingen können, sich zu setzen. Dadurch verknüpft er Ihr Wort sehr schnell mit der Folge. Außerdem ist das Hinsetzen für den Hund keine unangenehme Handlung. Sie können es ihm auf zwei Arten beibringen: Entweder Sie geben Ihr Kommando stets dann, wenn er sich sowieso setzt oder Sie sagen „Sitz" und drücken ihm dabei sanft mit der Hand auf die Kruppe, bis er diesem Druck nachgibt.

„Platz!"

Dieser Aufforderung nachzukommen lernt der Hund auf die gleiche Art und Weise wie das „Sitz!". Entweder Sie nutzen die Situation, wenn er sich ohnehin hinlegen will, zu einer Verknüpfung mit dem Wort „Platz!" oder Sie geben dem sitzenden Hund den Befehl „Platz!" und ziehen gleichzeitig seine Vorderläufe auf sich zu. So geht er ganz von selbst in Bodenlage, und Sie können ihn dafür loben.

Wichtig: Die Übungen „Sitz!" und „Platz!" müssen grundsätzlich mit der korrekten Ausführung enden. Brechen Sie Ihre Erziehungsversuche niemals ohne Erfolg ab. Bleiben Sie ruhig, geduldig und konsequent.

„Komm!"

Die dem Verhalten eines Hundes am ehesten entsprechende Übung, das Kommen auf Ruf, gehört seltsamerweise zu den schwierigsten Übungen. Der Grund: Wir Menschen freuen uns, wenn der Welpe vor uns hertobt, wenn er Neugier zeigt, sich begeistert in eine Meute spielender Hunde stürzt, und wir neigen dazu, ihn zu holen, statt ihn kommen zu lassen. Wir neigen auch dazu, ihn wieder und wieder zu uns zu rufen, gleichgültig, ob er von unserem Ruf Notiz nimmt, ob er sich taub stellt oder ob er fröhlich in eine andere Richtung rennt. Das alles prägt schon den Welpen. Er hat also nicht den geringsten Grund, auf diesen Befehl wunschgemäß zu reagieren.

Sie müssen also beim Junghund noch einmal ganz von vorn anfangen. Lassen Sie ihn laufen, höchstens 1 oder 2 m, dann lenken Sie Augen- und „Ohrenmerk" auf sich, indem Sie lockend seinen Namen rufen und diesem ein „Hier!" oder „Komm!" folgen lassen. Kommt Ihr Hund, freuen Sie sich, knien nieder, loben und streicheln ihn und lassen ihn wieder laufen, diesmal vielleicht 5 m, bevor Sie ihn erneut zu sich rufen. Wieder folgen Leckerbissen, ein Streicheln oder ein Zerrspiel. Dreimal mindestens sollte so eine „Hier"-Übung hintereinander erfolgen, damit der Welpe mit dem Gehorchen auf dieses Kommando auch wirklich eine gute Erfahrung verknüpft.

Was aber, wenn er nicht kommt? Dann entfernen Sie sich, ihn im Auge behaltend, wortlos, ohne neuerliches Rufen. Sie können, falls sich das anbietet, auch hinter einem Baum, einer Ecke oder einem Auto verschwinden. Dann üben Sie sich in Geduld. Ohne daß Ihnen das klar ist, behält Ihr Hund nämlich immer Kontakt zu Ihnen. Er weiß über Nase, Augen oder Ohren, daß Sie in der Nähe sind. Wenn Sie aus seinem Sinneskreis verschwunden sind, wird er unruhig und wird Sie

suchen. Das erkennen Sie, und jetzt – niemals vorher – dürfen Sie ihn noch einmal mit seinem Namen und „Hier" rufen. Dabei müssen Sie jeglichen Ärger unterdrücken und ihn loben und streicheln – das Wiedersehen also entsprechend feiern.

Wichtig: Bestrafen Sie niemals Ihren Hund, wenn er zu Ihnen kommt, gleichgültig wie lange Sie darauf warten mußten und welche Untaten er vorher begangen hat, denn im Gedächtnis des Hundes verknüpft sich Ihr Verhalten immer mit seiner letzten Handlung – und die war das Auf-Sie-Zukommen. Mit Ihrer Freude bestärken Sie ihn im Kommen. Mit einem bösen Wort würden Sie genau dieses Kommen noch weiter hinauszögern. Der Hund hätte Angst vor den Konsequenzen.

„Aus!"

Dieses Wort und seine Konsequenz sollte schon der Welpe kennen. Der halbwüchsige Hund lernt es natürlich auch noch. Wenn er etwas gepackt hat, knien Sie sich vor ihn, sagen „Aus" und greifen gleichzeitig nach der „Beute". Läßt er diese nicht los, schieben Sie sie leicht Richtung Schlund des Hundes und greifen gleichzeitig mit den Fingern in die

Stop – Frauchen hat deutlich Nein gesagt

Winkel des Fangs, so daß dieser sich öffnen muß. Wenn der Hund knurrt oder gar versucht, fester zuzubeißen, sagen Sie erneut energisch „Aus" und drücken ihm den Fang auseinander. Knurren oder Zähnefletschen dürfen Sie beim Hovawart *niemals dulden*. In solchen Situationen müssen Sie Ihren Willen mit allen Mitteln durchsetzen. Das „Aus" muß natürlich auch klappen, wenn Sie vor dem Hund stehen und nicht manuell nachhelfen. Das üben Sie mittels des Kommandos und einer sehr kurzen Pause, nach der Sie notfalls eingreifen.

„Pfui!" – „Nein!"

Diese beiden Kommandos sollen den Hund veranlassen, eine unerwünschte Handlung sofort abzubrechen. Benutzen Sie diese Schlüsselworte anfangs immer nur dann, wenn Sie gleichzeitig eingreifen können. Ein Beispiel: Der Hund versucht, etwas vom Tisch zu klauen, während Sie in Reichweite sind. Verbinden Sie Ihr „Pfui!" mit einem festen Griff in den Hundenacken. Zerren Sie den Hund dann vom Tisch fort. Oder: Ihr Hovawart packt ein Spielzeug der Kinder und will es verschleppen. Sie nehmen es ihm weg und sagen gleichzeitig „Nein", so daß der Hund das Kommando mit Ihrer Tat verknüpft. Später genügt das Wort allein.

„Bleib!"

Diese Lektion ist für jeden Hund eine schwere Prüfung. Als Rudeltier versucht er, den Anschluß zu halten. Verbinden Sie die ersten Übungen immer mit einem Sitz und dem anschließenden Lob. Dann entfernen Sie sich, beide Handflächen auf den Hund gerichtet, langsam rückwärts vom Hund. Will er aufstehen, bleiben Sie stehen, schmettern ein energisches „Bleib!", gehen notfalls zu ihm und lassen ihn sich erneut setzen. Bitte niemals „Pfui!" rufen oder ihn fürs Herkommen bestrafen, das sind für ihn in diesem Zusammenhang unverständliche Verhaltensweisen.

Beenden Sie das „Bleib!" stets mit dem erlösenden „Hier!" oder „Komm!", und freuen Sie sich über die „Wiedervereinigung", so wie er das tut.

Spaziergang ohne Hindernisse

Wenn Ihr Hovawart die Grundkommandos kennt und einigermaßen beherrscht, können Sie mit ihm ohne weiteres Spaziergänge auf bekanntem oder unbekanntem Terrain unternehmen. Wichtig ist dabei die *Abwechslung*: Dem freien Lauf sollte grundsätzlich eine Periode (fünf Minuten) der Erziehung folgen, einer Erkundungstour, während der Ihr Hund nicht viel Bindung zu Ihnen hat, ein Spiel, das Sie beide spielen.

Wie beinahe alle Hunderassen ist auch der Hovawart einer *Jagd* nicht abgeneigt, wenn plötzlich ein Kaninchen vor ihm auftaucht. Dieser große und schnelle Hund kann vor allem Jungwild gefährlich werden. Dem können Sie begegnen, indem Sie entweder wildreiche Gegenden meiden, oder ihn dort an die Leine nehmen. Sie können den Hund auch ablenken: Nehmen Sie sein Lieblingsspielzeug mit, machen Sie ihn regelrecht scharf darauf und lenken Sie sofort, wenn Sie

glauben, daß sich irgendwo ein Hase oder Rebhuhn regt, die Aufmerksamkeit auf sein Spielzeug. Werfen Sie es in die Gegenrichtung zum vermuteten Wild und feuern Sie den Hund kräftig an, es zu verfolgen. Vergessen Sie nicht, ihn kräftig zu loben, ihm seine Beute wieder wegzunehmen und diese nur selten einzusetzen. Sie zu fangen muß die Krönung eines Waldspaziergangs sein, nur dann wiegt das Spiel mehr als die Hatz auf lebendige Beute.

Weil der Hovawart ein großer Hund ist, kann es sein, daß unerfahrene Menschen unsicher oder mit Angst auf ihn reagieren. Sorgen Sie deshalb von Anfang an dafür, daß er andere Menschen zwar freundlich passiert, aber nicht begrüßend auf sie losstürmt. Rufen Sie den Hund zu sich, wenn Ihnen eine Gruppe anderer Menschen begegnet. Lassen Sie ihn sich setzen, wenn Sie angesprochen werden, und gehen Sie ruhig weiter, bevor Sie ihn wieder von Ihrer Seite lassen.

Auch auf freiem Feld sollte er sich nicht weiter als auf Sichtweite von Ihnen entfernen – auch dann nicht, wenn Ihr Hovawart sehr gut erzogen ist. Zu groß könnte die Versuchung sein, doch ein flüchtiges Kaninchen zu verfolgen oder auf eine entfernte Straße zu laufen.

Nicht jeder Spaziergänger reagiert gelassen, wenn er sich im Gelände plötzlich einem freilaufenden Hovawart gegenübersieht

Das Alleinbleiben

Jeder Hund muß lernen, die Zeit, in der sein Mensch nicht bei ihm ist, ruhig zu verbringen. Er darf weder Zerstörungswut noch Angst zeigen, weder jaulen, weil er Kontakt sucht, noch an Türen kratzen. Schuld an den meisten dieser Verhaltensstörungen trägt allerdings der Mensch. Beginnen Sie möglichst früh, den (schlafenden) Welpen an eine halbe Stunde ohne Sie zu gewöhnen. Verlassen Sie ihn und begrüßen Sie ihn freudig, wenn Sie zurückkommen. Sollte er sich während Ihrer Abwesenheit bemerkbar machen, bleiben Sie beim nächsten Mal in Hörweite. Auf jedes Jaulen und Kratzen oder auf andere Anzeichen der Unruhe hin kehren Sie zurück, zeigen deutlich Ihren Unwillen und schicken den Hund zurück auf seine Decke. Dort heißen Sie ihn „Platz!" und entfernen sich wieder. Gehen Sie ganz selbstverständlich fort, mit einem fröhlichen „Tschüß" oder wortlos oder mit dem Kommando „Platz!". Wenn der Hund sich einige Minuten oder eine Viertelstunde ruhig verhalten hat, kommen Sie wieder, begrüßen ihn stürmisch und lassen ein Spiel, einen Spaziergang, eine angenehme Erfahrung folgen.

Bald hat er gelernt, daß Sie ihn nicht verlassen, sondern daß es seine Aufgabe ist, ruhig zu warten, während er allein ist. Und daß auf jedes Wiedersehen etwas Schönes folgt.

Länger als einen halben Tag sollten Sie keinen Hund allein lassen. Auf Dauer lockert das die Bindung zu Ihnen.

Kontakt zu anderen Hunden

Wie schon der Welpe sollte auch der heranwachsende und der ausgewachsene Hovawart jeden Tag die Möglichkeit haben, sich mit seinesgleichen auszutauschen. Suchen Sie sich also Spazierwege, auf denen Sie andere Hunde jeden Alters und aller Rassen treffen. Gehen Sie Begegnungen niemals aus dem Weg, nur so verhindern Sie, daß Ihr Hund unsozial oder gar zum Raufer wird.

Wichtig: Sie haben einen sehr starken und selbstbewußten Hund, der nur dann schwächere achtet oder toleriert, wenn er von klein auf daran gewöhnt wurde.

Machen Sie es sich bei Spielen mit anderen Hunden zur Regel, Ihren Hovawart aus dem Pulk herauszurufen, das fördert die Bindung zu Ihnen und verhindert, daß er sich völlig vom Spiel ablenken läßt. Auf diese Weise können Sie auch vermeiden, daß ein kleiner Hund den großen so lange provoziert, bis der sich aus der Reserve locken läßt. Rufen Sie Ihren Hund dann, und loben Sie ihn wie einen Helden, wenn er kommt.

In Hundegruppen, die sich oft treffen, bildet sich eine Art *Rangordnung* heraus, an die sich alle Hunde halten. In diese Ordnung sollten Sie nicht eingreifen, auch wenn Ihnen vielleicht ein Hund leid tut oder Sie den Ihren bremsen wollen. Solange sich niemand einmischt, regeln die Gruppenmitglieder alles selbst.

Begegnungen mit nur einem Hund sind eine andere Sache. Da kann es – wenn zwei sich immer wieder treffen, die ein Revier miteinander teilen – genauso zu engen Freundschaften wie zu erbittertem Konkurrenzverhalten kommen. Wünschenswert wäre, daß Sie und der Besitzer des Rivalen die beiden Hunden ein einziges Mal ihre Rangordnung auskämpfen ließen. Danach wäre nämlich für alle Zeiten alles geregelt. Handelt es sich um in ihrem natürlichen Verhalten gesunde

Hunde, wird sich der schwächere von ihnen rechtzeitig unterwerfen, bevor es zu Verletzungen kommt. Durch die Demutsgebärde (Rückenlage und Darbietung der Kehle) signalisiert er seine Niederlage und löst so bei dem stärkeren Hund eine Beißhemmung aus. Doch meistens wagen es die Menschen nicht, diesen Zweikampf zuzulassen, und so bleibt bei verfeindeten Hunden nur eins: einander aus dem Weg zu gehen.

In Vereinen haben Sie immer die Möglichkeit, Ihren Hovawart mit anderen Hunden spielen zu lassen und Begegnungen zu provozieren. Auch dort stellt sich nach einiger Zeit ein Ranggefüge ein, das die Hunde untereinander respektieren.

Der Hovawart in der Stadt

Wenn Sie in der Stadt leben oder diese öfter aufsuchen, muß Ihr Hovawart zu den Regeln des Grundgehorsams noch einige andere wichtige Dinge gut beherrschen:

◆ Der Hund sollte verkehrssicher sein.
◆ Er sollte gelernt haben, im Auto mitzufahren.
◆ Er muß wissen, daß er sich nur an bestimmten Stellen entleeren darf.
◆ Ihr Hund darf sich weder durch Lärm noch durch Menschenmassen aus der Ruhe bringen lassen.
◆ Er sollte sich überall, z. B. in Restaurants, gut zu benehmen wissen.
◆ Wichtig ist auch das richtige Verhalten in öffentlichen Verkehrsmitteln (ruhiges Sitzen, Ein- und Aussteigen).

♦ Unerläßlich ist auch die korrekte Art der Straßenüberquerung (vorher sitzen, auf Kommando „Lauf!" warten, am anderen Ende wieder sitzen).

♦ Ihr Hund muß lernen, andere Hunde auf der gegenüberliegenden Straßenseite zu ignorieren.

Solange Sie und Ihr Hund noch keine erfahrenen Routiniers sind, empfiehlt es sich, den Hund in der Stadt stets an der Leine zu halten. Am besten Sie üben zunächst fleißig in Parkanklagen oder auf einem Wiesenweg.
Erst wenn Ihr Hund von sich aus an jedem Straßenrand absitzt und auf Ihr Zeichen wartet, können Sie es wagen, ihn ohne Leine mitzunehmen. Bestehen Sie aber grundsätzlich darauf, daß er *ausschließlich auf dem Trottoir* läuft, und lassen Sie ihn nie auf der Straße gehen, wenn er diese nicht gerade überquert.
Das gleiche gilt für Autofahrten mit dem Hund. Unternehmen Sie schon mit dem Welpen kurze Fahrten. Gewöhnen Sie ihn daran, vor dem Auto abzusitzen, immer auf der gleichen Seite (Beifahrer) und ausschließlich auf Ihr Kommando hin einzusteigen, sich sofort auf seinem Platz zusammenzurollen und auch am Ende der Fahrt niemals ohne Ihr Kommando herauszuspringen.

Unser Tip

Viele Hundeschulen und Vereine bieten Kurse für die Erziehung zum verkehrssicheren Begleithund an. Solche Kurse machen Spaß und sind empfehlenswert, denn dort lernt der Hund den Stadtknigge von der Pike auf.

In bezug auf das Beinheben und die allerseits monierten Haufen auf dem Gehsteig bewährt es sich, wenn Ihr Hund sich auf Kommando hinhockt, denn dann können Sie ihn zu einer Stelle führen, an der seine Hinterlassenschaften niemanden stören. Wenn das Stadtviertel oder die Gemeinde Ihnen bekannt ist, wissen Sie vermutlich, wo der Hund darf und wo nicht, und können so manches Ärgernis verhindern. Wenn Sie keine Ahnung haben, wo in der Nähe eine „Hundetoilette" ist, oder trotz guter Erziehung ein Malheur passiert, bleibt Ihnen nur eines: Sie müssen den Haufen entsorgen. Nehmen Sie also vorsichtshalber immer einen wasserfesten Beutel und ein paar Kleenextücher mit oder besorgen Sie sich eines der zahlreichen *Entsorgungssets* aus dem Zoofachhandel. Sie ersparen sich damit nicht nur Ärger oder sogar ein Bußgeld, Sie tragen

auch mit dazu bei, die Hundefeindlichkeit vieler Stadtbewohner abzubauen. *Menschenmassen* und *Autokolonnen* ertragen lernt ein Hund nur durch Übung. Im *Restaurant* sollte er sich auf Kommando setzen oder legen; er muß wissen, daß Betteln bei Tisch absolut tabu ist. Andere vierbeinige Gäste sollte er ignorieren. Geben Sie ihm durch Streicheln ab und zu zu verstehen, daß Sie mit seinem Verhalten zufrieden sind. Je früher und je häufiger der Hund das übt, desto perfekter wirkt er als Stadthund.

Probleme und ihre Lösung

▬ Als „Hofwächter" meldet der Hund natürlich Fremde, die sich der Wohnung nähern, reagiert so auf beunruhigende Geräusche oder aufregende Ereignisse. Damit er nicht zum Dauerkläffer wird, rufen Sie ihn nach mehrmaligem Anschlagen zu sich, loben ihn knapp und stellen ihm eine Aufgabe (z. B. „Sitz!" und „Platz!"). Bellen ist ein Ausdruck der Erregung: Um es zu stoppen, müssen Sie Ihren Hund also beruhigen. Durch Schimpfen steigern Sie seine Aufregung und animieren ihn zu heftigerem Gekläff.
▬ Ebenfalls die Folgen von zu nachgiebiger Erziehung sind Rauflust oder „Boß-Gehabe". Vor allem Rüden nehmen leicht dominante Attitüden an, wenn sie spüren, daß ihre Halter dem hilflos gegenüberstehen.
▬ Einen *Raufer* müssen Sie so schnell es geht „umerziehen". Zwei Methoden bieten sich an: Just in der Sekunde, in der Ihr Hund die Rückenhaare aufstellt, bereit, sich auf den Rivalen zu stürzen, befehlen Sie ihm – unbedingt ruhig, aber bestimmt –, sich zu setzen und dann „Bei Fuß" in die Gegenrichtung zu laufen.
Klappt das, schließt sich dem „Fuß" sofort ein schönes Spiel an. Hört der Hund nicht, entfernen Sie sich von ihm, rufen ihn wieder und lassen ihn sich setzen, sich legen und bleiben, bis Sie ihn schließlich rufen.

Wichtig: Wenn Sie schreien, erregt sich der Hund mit Sicherheit noch mehr. Deshalb: Ruhe bewahren!

Die zweite Möglichkeit fordert Ihnen viel Disziplin ab: Gehen Sie ohne Wimpernzucken schnell an dem anderen Hund vorbei, wobei Sie unaufhörlich ruhig und lockend mit Ihrem eigenen reden. Der Sinn ist, daß sich Ihr Hovawart auf Sie konzentriert und dafür (später) die erwartete Anerkennung erhält. Einen notorischen Raufer können Sie allerdings nicht ohne sach-

■■■ *Ein Wachhund sollte nur einmal anschlagen und Besucher melden*

kundige Hilfe bremsen. Sie sollten sich mit einem solchen Tier in die Obhut einer Hundeschule oder eines erfahrenen Erziehers im Verein begeben.

Wichtig: Bitte vermeiden Sie Begegnungen an der Leine. Angeleint steigern angriffslustige Hunde noch ihre Aggressivität.

■■■ Der Hovawart, der sich zum *Familienoberhaupt* aufspielt, kann dagegen nur von Ihnen selbst wieder auf seinen niedrigeren Rang zurückgestuft werden. Dazu müssen Sie ihm so oft wie möglich zeigen, daß Sie sich Ihren obersten Rang niemals abnehmen las-

sen. Sie allein bestimmen, wann der Hund hinaus darf, Sie frühstücken, und erst danach erhält der Hund sein Futter. Sie sind auch derjenige, der Tempo und Richtung des ersten Spaziergangs bestimmt. Verändern Sie willkürlich Zeiten und Wege, damit Ihr „Führer" gründlich irritiert ist. Versuchen Sie so oft wie möglich, den Hund das Gegenteil dessen tun zu lassen, was er gerade will. Legt er sich in sein Körbchen, nehmen Sie ihn zu einem Spaziergang mit. Steht er wartend an der Tür, befehlen Sie ihm, sich schlafen zu legen. Das brauchen Sie nur einige Tage durchzuhalten, dann hat er begriffen, daß Sie der Herr im Revier sind.

Wichtig: Jede Drohung, wie Knurren, Haaresträuben, Zähnefletschen oder gar Schnappen, ahnden Sie mit einem kräftigen Schnauzengriff. Dazu umfaßt Ihre Hand die ganze Schnauze des Hundes und drückt sie kräftig zu.

Glücklicherweise sind solche Probleme beim Hovawart selten. Jeglichen Unarten des Hundes können Sie vorbeugen, wenn Sie schon den Welpen ebenso liebevoll wie konsequent erziehen und sich im ersten Lebensjahr Ihres Hundes genügend Zeit für ihn nehmen.

Die Gesundheit

Vorbeugen – besser als heilen

Ein Hovawart, der gesund und ausgewogen ernährt wird, viel Bewegung und ausreichend sozialen Kontakt mit Artgenossen hat, fühlt sich wohl und kann den täglichen Belastungen trotzen. Er erfreut sich einer guten allgemeinen Konstitution und ist so weniger anfällig für Krankheiten.
Durch eine gute Ernährung wird der Hund mit allen nötigen Nährstoffen,

Vitaminen und Mineralien versorgt, seine Verdauung und die Gesundheit seiner Zähne werden stabilisiert.
Zur gesundheitsfördernden Routine gehört auch die regelmäßige Pflege des Fells, seiner Ohren und Zähne. Diese beugt einem Befall mit Parasiten und dem Entstehen von Entzündungen und Zahnstein vor.

Wichtig: Nehmen Sie sich viel Zeit für Ihren Hovawart und achten Sie auf seine Verfassung. Werden nämlich

Impfplan		
	Termin	Impfung gegen
Erstimpfung	8. Lebenswoche	Staupe, Hepatitis, Parvovirose, Leptospirose
	12. Lebenswoche	Staupe, Hepatitis, Parvovirose, Leptospirose evtl. plus Tollwut
1. Wiederholung	nach 1 Jahr	Staupe, Hepatitis, Parvovirose, Leptospirose plus Tollwut
Weitere Wiederholungen:	jährlich	Tollwut – Leptospirose
	alle 2 Jahre	Staupe, Hepatitis, Parvovirose

bereits erste Anzeichen einer Erkrankung rechtzeitig erkannt, kann diese im Frühstadium behandelt werden.

Schutzimpfungen

Regelmäßig durchgeführte Impfungen schützen Ihren Hund vor den hierzulande häufigsten Infektionskrankheiten – Tollwut, Staupe, Parvovirose, Hepatitis, Leptospirose und Zwinger- oder Virushusten. Bei Welpen oder bei älteren Tieren, bei denen der Impfschutz neu aufgebaut werden muß, wird eine sogenannte *Grundimmunisierung* vorgenommen. Danach müssen die Impfungen einmal jährlich aufgefrischt werden. Wichtig bei Impfungen ist, daß sie nach Plan und regelmäßig erfolgen.

Wichtig: Lassen Sie sich beim Kauf eines Hundes den Impfpaß mitgeben, in dem verabreichte Impfungen vom Tierarzt eingetragen sind. Wurden die

Impfungen nicht vollständig und/oder regelmäßig durchgeführt, muß der Impfschutz komplett neu aufgebaut werden.

Aujeszkysche Krankheit und Toxoplasmose

Gegen diese Infektionskrankheiten, die über rohes Schweinefleisch übertragen werden, gibt es keine Impfung. Da die Aujeszkysche Krankheit unheilbar ist und tödlich verläuft, ist *rohes Schweinefleisch* für Ihren Hund tabu. Schweinefleisch darf – wenn überhaupt – grundsätzlich nur in gekochtem Zustand verfüttert werden!

Parasiten

Ein Befall mit Parasiten – Würmern, Flöhen und Zecken – ist für den Hund nicht nur lästig, er belastet außerdem den Organismus des Tieres sehr und führt auf Dauer zu schmerzhaften Sekundärerkrankungen. Darüber hinaus können einige Parasiten auch weitere Krankheiten auf den Hund übertragen. Deshalb heißt es einen Parasitenbefall zu verhindern, ihn früh genug zu erkennen und zu behandeln.

Würmer

Hinweise auf einen Befall mit Magen-Darm-Würmern sind struppiges, glanzloses Fell, Appetitlosigkeit und Abmagerung oder auch das Rutschen des Hundes auf seinem Hinterteil („Schlittenfahren"). Wird zu diesem Zeitpunkt nicht eingegriffen, kann es darüber hinaus zu schweren Durchfällen, zu Mangelerscheinungen, Verstopfungen, allgemeiner Blutarmut und extremer Schwäche kommen.
Ein Befall mit Magen-Darm-Würmern läßt sich bei Betrachtung des Hundekotes oft mit bloßem Auge erkennen. *Spulwürmer* zeigen sich im Kot als 2–3 mm dicke, bis zu 10 cm lange, weißliche Fäden. Bei *Bandwurmbefall* sind Teile der Parasiten, die ähnlich wie Reis- oder Grießkörner aussehen, im Kot zu sehen. Sie können auch im Fell des Hundes kleben.
Glücklicherweise läßt sich ein Wurmbefall gut behandeln. Doch die Ein-

nahme von Medikamenten, die gegen die Schmarotzer wirksam sind, ist auch belastend für den Hund. Daher sollte *nicht prophylaktisch* oder auf bloßen Verdacht hin behandelt werden. Besser ist es, vom Tierarzt eine Kotuntersuchung vornehmen zu lassen und nur bei Bestätigung des Verdachtes Medikamente zu verabreichen.

Wichtig: Einige für den Hund gefährliche Parasiten sind auch für den Menschen infektiös. Vorbeugung und Behandlung schützen also nicht nur Ihren Hund, sondern auch Sie!

Flöhe
Wenn sich Ihr Hovawart oft stark kratzt, er sich häufig in die Schwanzrübe beißt oder aber kaffeesatzähnliche Körnchen im Fell zu finden sind, hat er wahrscheinlich Flöhe. Bei den kleinen, braunroten Krümeln handelt es sich nämlich um Flohkot. Es empfiehlt sich, den Hund durch vorbeugende Maßnahmen zu schützen. Für die Prophylaxe stehen verschiedene Mittel zur Verfügung:
♦ spezielle Halsbänder (vom Tierarzt),
♦ spezielle Tropfen, die in das Nackenfell geträufelt werden,
♦ Tabletten und Pulver, die über das Futter verabreicht werden können.

Flohbefall gilt es zu bekämpfen, da er zu starkem Juckreiz, schmerzhaften Hautentzündungen, Haarausfall und Allergien führen kann. Außerdem ist der Hundefloh Überträger des Fuchsbandwurmes (*Echinococcus granulosus*), der vom Hund auf den Menschen übertragen werden kann und für letzteren sehr gefährlich ist. Bei der *Flohbekämpfung* muß nicht nur der Hund, sondern auch seine Umgebung „entfloht" werden, sprich sein Liegeplatz, seine Schlafdecke und eventuell sogar Teppiche und Möbel.

Zecken
Einige der Maßnahmen, die vor einem Befall mit Flöhen schützen, beugen zugleich gegen Zeckenbefall vor. Sollte Ihr Hovawart aber eine Zecke haben, muß diese sofort entfernt werden, weil es sonst zu entzündlichen Reaktionen kommen kann und Krankheiten von der Zecke auf den Hund übertragen werden können. Lassen Sie die Finger von sogenannten Hausmitteln. Wird die Zecke nämlich nur unvollständig entfernt und bleibt ihr Kopf in der Haut des Hundes sitzen, besteht die Gefahr einer schweren und schmerz-

Je früher eine Krankheit diagnostiziert und behandelt wird, desto schneller und besser kann Ihrem Tier geholfen werden. Ersparen Sie Ihrem Hund unnötige Leiden!

haften Entzündung. Sie sollten statt dessen eine spezielle *Zeckenzange* im Haus haben, die Sie beim Tierarzt, in Apotheken oder im Fachhandel kaufen können.

Alarmierende Symptome

Wenn sich Ihr Hund apathisch oder sehr unruhig verhält, er längere Zeit sein *Futter verweigert*, bestimmte Bewegungen vermeidet, hinkt oder auffällig mehr oder weniger trinkt, sind dies oft Zeichen für eine Erkrankung. Auch *Schwellungen*, *Haarausfall*, ein *aufgeblähter Bauch*, *Augen*- und *Nasenausfluß*, *Abmagerung* oder *Gewichtszunahme* sind ernstzunehmende Symptome. Sie sollten in solchen Fällen sofort einen Tierarzt aufsuchen.

Wichtig: Beobachten Sie Ihren kranken Hund aufmerksam. Treten verschiedene Symptome gleichzeitig auf, weist das meist auf eine bereits ernstere Situation hin.

Was ist zu tun...
♦ *...bei Fieber*
Beim gesunden Hund liegt die Körpertemperatur zwischen 37,5 und 38,5 °C, am Abend, nach Bewegung und bei Jungtieren etwas über diesen Werten. Eine starke oder längerfristige Erhöhung der Körpertemperatur ist ein sicheres Zeichen dafür, daß dem Hund etwas fehlt. Ein trockener Nasenspiegel, glanzlose Augen und warme Ohren weisen ebenfalls meist auf Fieber hin.
Die Temperatur sollte mit einem gefetteten Thermometer rektal (im After gemessen) werden. Sogenannte *Digitalthermometer*, in der Apotheke erhältlich, zeigen bereits innerhalb weniger Sekunden die Körpertemperatur an. Hat Ihr Hund Fieber, sollten Sie sofort einen Tierarzt aufsuchen!

♦ *...bei Husten und Schnupfen*
Diese Symptome können auf einen einfachen grippalen Infekt oder aber auf eine schwerere Infektionskrankheit hinweisen.
Ist der Nasenausfluß heftig oder gar eitrig, wirkt Ihr Hund abgeschlagen, frißt er schlecht, hat er Fieber, dann

muß er unbedingt einem Tierarzt vorgestellt werden.

Andauernder Husten in Kombination mit Abgeschlagenheit, oft auch ohne weitere Begleiterscheinungen, kann ein Zeichen für eine Herzerkrankung sein.

◆ ...bei Appetitlosigkeit und Futterverweigerung

Dies sind unspezifische Symptome, für die allgemeine Infektionen, Erkrankungen in der Maulhöhle oder im Magen-Darm-Bereich sowie starke Schmerzen verantwortlich sein können. Frißt Ihr Hovawart nicht nur ein bis zwei Tage schlecht, muß ein Tierarzt die genauere Ursache für sein Verhalten herausfinden.

◆ ...bei anhaltendem Durchfall, Verstopfung, Blut im Kot

Starker Wurmbefall, Infektionskrankheiten, Futterunverträglichkeiten, Vergiftungen oder Fremdkörper im Magen-Darm-Bereich können zu obengenannten Symptomen führen. Bei blutigem Stuhl und im Zusammenhang mit einem allgemein schlechten Befinden muß umgehend ein Tierarzt aufgesucht werden. Bei leichterem und kurzfristigem Durchfall kann dem Hund oft schon mit einem *Fastentag* geholfen werden. Im Anschluß an

Eine regelmäßige Kontrolle der Maulhöhle und der Zähne ist wichtig

einen Tag „Null-Diät" sollte der Patient dann noch zwei Tage lang *leichte Kost* erhalten (gekochter Reis mit Huhn oder Fisch, beides ungewürzt, sowie Kräutertees).

◆ ...bei Erbrechen

Wenn Ihr Hund heftig, häufig oder anhaltend erbricht, ist dies ein Alarmzeichen. Vergiftungen, Infektionskrankheiten, Magen- oder Darmverschlüsse können die Ursache sein und bedürfen einer unverzüglichen Behandlung durch einen Tierarzt.

◆ ...bei übermäßigem Durst

Auch hier können harmlose Ursachen vorliegen, wie z. B. vermehrte Bewegung, hohe Außentemperaturen oder stark gewürztes Futter. Sind solche Faktoren jedoch auszuschließen, kann eine Nierenerkrankung, eine Gebärmutterentzündung oder aber Diabetes vorliegen. Der Tierarzt sollte die genaue Ursache abklären.

♦ *... bei Haarausfall und Juckreiz*
Neben einem Befall mit *Ektoparasiten* (Flöhen, Milben, Haarlingen) können auch Ernährungs- oder Hormonstörungen für diese Symptome verantwortlich sein. Durch spezielle Untersuchungen der Haut, der Haare und des Blutes kann der Tierarzt die Wurzel des Übels herausfinden.

♦ *... bei Rutschen auf dem Hinterteil*
Wenn Ihr Hund „Schlitten fährt", hat er entweder verstopfte *Afterdrüsen* oder aber *Würmer*. Mit einfachen Griffen und Mitteln kann der Tierarzt die Drüsen entleeren oder aber einen Wurmbefall behandeln.

Hüftgelenksdysplasie

Bei der Hüftgelenksdysplasie (HD) handelt es sich um eine *erbliche Fehlentwicklung* des Hüftgelenks. Das Hüftgelenk setzt sich aus der Gelenkpfanne der Hüfte und dem Oberschenkelkopf (Femurkopf) zusammen, die

im Idealfall optimal ineinanderpassen. Bei einer Dysplasie sind entweder die Gelenkspfanne und/oder der Femurkopf mißgebildet, so daß es zu Reibungen kommt, die zu Abnutzungen, Entzündungen und Knochenwucherungen (Arthrose) führen. Als Folge davon leidet der Hund unter starken Schmerzen. Symptomatisch sind Schmerzen beim Aufstehen und/oder bei Bewegung und Lahmheiten.

Die Diagnose wird anhand spezieller Röntgenaufnahmen gestellt, die aber erst bei Hunden vorgenommen werden, die ein Jahr oder älter sind. Da die Erkrankung erblich und trotz redlicher Bemühungen der Züchter nach wie vor nur schwer in den Griff zu kriegen ist, fordern viele Vereine und Verbände eine Untersuchung der Zuchttiere auf HD. Aber selbst bei den Nachkommen HD-freier Elterntiere kann die Gesundheit der Hüfte nicht garantiert werden.

Wichtig: Lassen Sie sich bei dem Kauf eines Hovawarts vom Züchter ein tierärztliches Attest aushändigen, mit dem bescheinigt wird, daß die Eltern HD-frei waren.

Die Art und Weise der Behandlung HD-kranker Hunde hängt vom Grad und dem Stadium der Veränderungen

ab. Neben einer speziellen Pflege, Fütterung und Haltung werden meist schmerzlindernde Behandlungen oder chirurgische Eingriffe vorgenommen. Bei schweren Fällen besteht die Möglichkeit, ein künstliches Hüftgelenk einzusetzen. In anderen Fällen, z. B. bei älteren Patienten, ist die Ausschaltung des Schmerzes dem Implantieren einer künstlichen Hüfte möglicherweise vorzuziehen.

Eine alternative Behandlungsmethode ist die *Goldakupunktur*. Hierbei werden dem Hund mit einer feinen Nadel einmalig neun Goldkügelchen in die Umgebung des Gelenkes implantiert, die die elektrische Spannung im Gelenk verändern, die für die Schmerzen verantwortlich sein soll. Bei vielen Hunden erwies sich diese Methode als sehr erfolgreich. Aber auch hier ist zu beachten, daß der Hund zwar schmerzfrei, seine Hüfte aber nicht geheilt ist.

Kastration – ja oder nein?

Es gibt keine allgemeingültige Anwort auf die Frage, ob eine Kastration beim Hund zu empfehlen ist oder nicht. Jeder Hundehalter muß Vor- und Nachteile abwägen und für sein Tier individuell entscheiden.

Prinzipiell dient die Kastration dazu, eine ungewollte Trächtigkeit oder eine Vaterschaft des Hundes zu verhindern. Alternativ zur Kastration bieten sich eine *hormonelle Behandlung* der Hündin kurz vor der Läufigkeit oder aber die strenge Beaufsichtigung von Hündin und den Rüden der Nachbarschaft während der „heißen Phasen" an. Beide Methoden sind sehr aufwendig und nur dann sicher, wenn sie konsequent durchgeführt werden.

Bei der Kastration werden die Keimdrüsen (Hoden bzw. Eierstöcke) entfernt. Bei der Hündin wird darüber hinaus auch die Gebärmutter herausgenommen, um die Gefahr einer späteren Gebärmutterentzündung auszuschalten.

Der ideale Zeitpunkt für eine Kastration ist ebenfalls von Hund zu Hund verschieden. Er sollte aber in jedem Fall bereits ausgewachsen und geschlechtsreif sein. Bei der Hündin empfiehlt es sich, die erste Läufigkeit (Hitze) abzuwarten. Diese tritt meist gegen Ende des ersten Lebensjahres ein. Nicht nötig ist es dagegen, daß die Hündin einmal Junge bekommt, bevor sie kastriert wird.

Da Eierstöcke, Gebärmutter und Hoden Hormone produzieren, wirkt sich eine Kastration eventuell auf das Verhalten der Tiere aus.

Vorteile einer Kastration

♦ Sie bietet eine absolut sichere Verhütung.
♦ Sie stellt eine Alternative zu Hormongaben dar.
♦ Danach tritt keine Läufigkeit und somit auch keine Blutungen mehr ein.
♦ Die Gefahr einer Scheinträchtigkeit ist gebannt.
♦ Es kann keine Gebärmutterentzündung mehr entstehen.
♦ Das Risiko der Entstehung von Milchdrüsentumoren (Mammatumore) ist deutlich geringer.
♦ Eventuell treten erwünschte Verhaltensänderungen auf.

Nachteile

♦ Der Eingriff ist endgültig.
♦ Gefahr der Gewichtszunahme.
♦ Es kann zu Inkontinenz (Harnträufeln) kommen.
♦ Es besteht ein Operationsrisiko.
♦ Es kann auch zu unerwünschten Verhaltensänderungen kommen.

Falls Sie sich für eine Kastration Ihres Hovawarts entscheiden, besprechen Sie die Einzelheiten mit Ihrem Tierarzt. Vereinbaren Sie einen Operationstermin, der es Ihnen ermöglicht, den Hund nach dem Eingriff zu betreuen.

Der alte Hovawart

Die Blüte seines Lebens neigt sich beim Hovawart etwa ab dem siebten Lebensjahr dem Ende zu. Dann läßt die körperliche Leistungsfähigkeit, zunächst unmerklich, dann allmählich deutlicher nach und kleinere Wehwehchen stellen sich ein.
Auch im Wesen verändert sich der Hovawart: Er wird im Alter noch anhänglicher, sucht mehr Streicheleinheiten und Menschennähe und zeigt nicht mehr die gleiche stürmische Begeisterung beim Anblick des Fahrrads; im Winter bleibt er an eisigen Tagen nicht mehr stundenlang draußen.
Solange keine chronischen oder ernsthaften Erkrankungen sein Allgemeinbefinden beeinträchtigen, sollten Sie – und dazu gehören sehr viel Einfühlungsvermögen und

Fingerspitzengefühl – mit zunehmendem Alter des Hundes die Spaziergänge allmählich abkürzen, seine Futterration auf *mehrere kleine Portionen* pro Tag verteilen und ihm leichter verdauliche Nahrung anbieten. Außerdem braucht Ihr Hund in seinen späten Jahren noch mehr Zuwendung und Streicheleinheiten.

Besprechen Sie sich mit dem Tierarzt, wenn die Augen und Ohren Ihres Schützlings allmählich nachlassen, die Verdauung nicht mehr klappt oder die Bewegungen mühsamer werden. Er kann typische Altersbeschwerden lindern.

Wenn allerdings ein Krebsleiden, chronische Arthritis oder Rheuma oder eine andere unheilbare Erkrankung sein Leben unerträglich macht, sollten Sie den Mut haben, es beenden zu lassen. Gehen Sie diesen letzten Gang mit Ihrem Hund, besser noch, lassen Sie den Tierarzt zu sich kommen. Es ist für den Hund das Beste, was Sie für ihn tun können, wenn Sie ihn von seinen Leiden erlösen und in seinen letzten Minuten bei ihm bleiben, bis er friedlich einschläft.

Sie können Ihren alten Gefährten im eigenen Garten beerdigen, wenn Sie sich dabei an die *Seuchenschutzgesetze* halten, die Sie bei Ihrer Gemeinde erfragen können. Sie können ihn auch auf einem Tierfriedhof bestatten oder im Krematorium verbrennen und sich die Urne abholen oder zuschicken lassen.

Auf Wunsch wird der Tierarzt den Leichnam mitnehmen, er muß ihn allerdings nach dem Tierkörperbeseitigungsgesetz entsorgen.

Anhang

Kontaktadressen

Deutschland

Verband für das Deutsche
Hundewesen e.V. (VDH)
Hauptgeschäftsstelle
Westfalendamm 174
D-44141 Dortmund
Tel.: 0231/565000

Deutscher Hundesport-
verband e.V.
Gustav-Sybrecht-Straße 42
D-44536 Lünen
Tel.: 0231/87949

Rassezuchtverein für
Hovawart-Hunde e.V.
Kreuzeckstraße 14
D-86163 Augsburg
Tel.: 0821/668715

Hovawart-Club e.V.
Gerhart-Hauptmann-Straße 7
D-40699 Erkrath
Tel.: 0211/251540

Hovawart Zuchtgemeinschaft e.V.
Am Hüllepfuhl 59
D-13589 Berlin
Tel.: 030/3732153

Österreich

Österreichischer Klub der
Hovawartfreunde
Blümlergasse 10
A-3434 Tulbing
Tel.: 02273/2054

Schweiz

Schweizerischer Hovawart-Club
Rebe 212
CH-4234 Zullwil
Tel.: 06179/10953

Literaturhinweise

Baumgart, Liesel
Agility und andere Hundesportarten
FALKEN, Niedernhausen 1996

Bengeforth, Fritz
Der Hovawart
Oertel & Spörer, Reutlingen 1992

Birr, Ursula
Erfolgreiche Hundeerziehung
FALKEN, Niedernhausen 1995

Wienrich, Volker
Der Hovawart
Parey, Hamburg 1994[4]

Register

Zum Thema „Hunde" sind im FALKEN Verlag u. a. bereits erschienen:
„Agility" (Nr. 4873)/ „Boxer" (Nr. 1596)/ „Chihuahua" (Nr. 1597)/ „Erfolgreiche Hunde-
erziehung" (Nr. 4808, auch als Video unter der Nr. 6198 erhältlich)/„Golden Retriever"
(Nr. 1643)/ „Hundekrankheiten" (Nr. 1604)/ „Komm! Sitz! Platz!" (Nr. 1469)/
„Labrador Retriever" (Nr. 1677)/ „Mischlingshunde" (Nr. 1511)

Dieses Buch wurde auf chlorfrei gebleichtem und säurefreiem Papier gedruckt
Die Kapitel „Die Gesundheit" und „Die gesunde Ernährung" wurden freundlicherweise
von Dr. vet. med. Thekla Vennebusch überarbeitet.

Die Deutsche Bibliothek – CIP-Einheitsaufnahme

Birr, Ursula:
Hovawart : Auswahl, Pflege, Erziehung /
Ursula Birr. – Niedernhausen/Ts. : FALKEN, 1997
ISBN 3-8068-1809-6

ISBN 3 8068 1809-6

Umschlaggestaltung: Peter Udo Pinzer
Layout: David Barclay, Neu-Anspach
Titelbild und Umschlagrückseite: Christine Steimer, Wölfersheim
Fotos: Christine Steimer, Wölfersheim
Zeichnungen: G. & W. Ohnesorge, Halle (Seite 85), alle übrigen
Andrea Salisch, Wiesbaden

Redaktion: Dr. Gabriele Schweickhardt/Kathrin V. Crinius
Produktion und Satz: VerlagsService Dr. Helmut Neuberger
& Karl Schaumann GmbH, Heimstetten

Die Ratschläge in diesem Buch sind von der Autorin und vom Verlag sorgfältig erwogen und
geprüft, dennoch kann eine Garantie nicht übernommen werden. Eine Haftung der Autorin
bzw. des Verlags und seiner Beauftragten für Personen-, Sach- und Vermögensschäden ist aus-
geschlossen.

Druck: Druckhaus Cramer, Greven

817 2635 4453 6271